NISA & iDeCo 知りたいことがわかる本

秋山 芳生
向藤原 寛

standards

はじめに

定年退職後、あなたはどんな生活を送っているでしょうか？

孫と遊びつつ、年金を受け取って暮らしていく――こうした生活を思い浮かべる人もいるかと思います。しかし、厚生労働省の発表によると、第1号被保険者への年金の平均支給額は14万５６６５円（２０２１年度）。年金だけで生活するのは難しいのが現実です。

今、手軽に資産を形成する方法として今注目を浴びているのが、非課税で投資をできるＮＩＳＡとｉＤｅＣｏです。どちらも長期的な投資を前提としてた制度であり、投資経験がない人でも低いハードルで利用できます。

しかし、口座開設、商品選び、運用プランの立て方に悩み、実践できていない人も多いはず。そこで本書では、ＮＩＳＡやｉＤｅＣｏを始めて行う人が抱きがちな疑問をまとめて、わかりやすく解説しました。もちろん、２０２４年から始まる新しいＮＩＳＡの対応について、「改正でどうお得になったのか」「改正後にどうプランを立てればいいのか」なども解説しています。

本書がはじめてＮＩＳＡ、ｉＤｅＣｏを行う人の一助になることを願います。

監修・解説

秋山芳生

（あきやま・よしお）

ファイナンシャルプランナー

大手広告代理店を経て、2014年に株式会社マネーフォワードに参画。本部長としてマネーフォワードMEの事業責任者となる。その後、お金の相談窓口「miraitalk」を立上げ、FPとして年間1000回以上の家計相談をうける。現在は、個人投資家としてFIREを達成するとともに、FP YouTuberとして「FPよしおさんチャンネル あなたの4403（よしおさん）FP相談室」を開設。家計改善、ライフプランニング、資産形成の情報配信やオンライン面談などマルチに活動する。

向藤原 寛

（むこうふじわら・ひろし）

CFP®
1級ファイナンシャルプランニング技能士
NPO法人相続アドバイザー協議会
上級アドバイザー

証券会社で営業職とプライベートバンキング業務に携わるかたわらFPの資格（CFP）を取得。その後、立川でFP事務所を開所。
確定拠出年金・投資関連に強い独立系FPとして、相談者目線で無駄なコストを省くなど、顧客の将来の夢の実現を目的としたライフプランを相談。資産運用についても具体的にサポートするために、金融商品仲介業（IFA）も兼業。中・高・大学生を対象とした金融教育にも力を入れている。

はじめての人のための

NISA & iDeCo 超入門

2024年から新しいNISAが始まりますが、実際、どう変わってどう便利になるのか、具体的にわからない人もいるのではないでしょうか。そこで、現行NISAと新しいNISAの違いやメリット、さらに、老後の資産形成を目的とした投資制度であるiDeCoの基本について解説します。

NISAとiDeCoのキホンを教えてくれる2人のFP

＼年間1000件以上の相談を解決！／

秋山芳生
（あきやま・よしお）

＼正直アドバイスに定評あり！／

向藤原寛
（むこうふじわら・ひろし）

NISAとiDeCoのキホン 6つの「知りたい」に答えます！

1 NISA＝非課税制度はどれくらい得をする？

通常の課税口座と比べてどれくらい利益に差が出るかを解説します

▶ 6～7ページ参照

2 2023年以内にNISAで投資をしても意味はある？

2023年に現行NISAを使うことで、課税で投資できる枠を増やすことができます

▶ 8～9ページ参照

3 2024年からさらにお得になった新しいNISAの5つの改正ポイント

新しいNISAにおける改正ポイントを5つに分けて解説します

▶ 10～11ページ参照

NISAがどう新しくなったかを知りたい！

4 新しいNISAでどうやってプランを立てる？

新しいNISAの活用方法の例について解説します

▶ 12～13ページ参照

5 節税効果に期待できるiDeCo

老後の資金形成を目的としたiDeCoの制度について解説します

▶ 14～15ページ参照

6 iDeCoは何歳から資産を受け取れるかを知りたい

加入期間による受け取り開始年齢の違いを解説します

▶ 16～17ページ参照

NISAのメリット 1

NISA＝非課税制度はどれくらい得をする？

資産額：3711万円
元　本：1896万円
運用益：1815万円
→課税口座だと運用益に20.315％の税金がかかる

運用プラン

23歳～30歳	積立金額2万円、年利4％（7年間）
31歳～50歳	積立金額5万円、年利3％（20年間）
50歳～65歳	積立金額3万円、年利3％（15年間）

運用結果の比較

NISA口座	課税口座
元本 1896万円	元本 1896万
運用益 1815万円	運用益 約1446万円

42年間の運用で約370万円の差！

課税口座で投資をするより数百万円得することもある

通常の証券口座（課税口座）を使って投資を行えば、投資で得た運用益から20・315％の税金が引かれます。しかし、**NISA口座を開設し、NISA口座で取引を行うだけで、運用益をすべて非課税で受け取ることができます。**具体的にどれだけ得をするかについて、23歳から65歳まで投資を行う例を見てみましょう。

NISAを活用した場合のシミュレーション

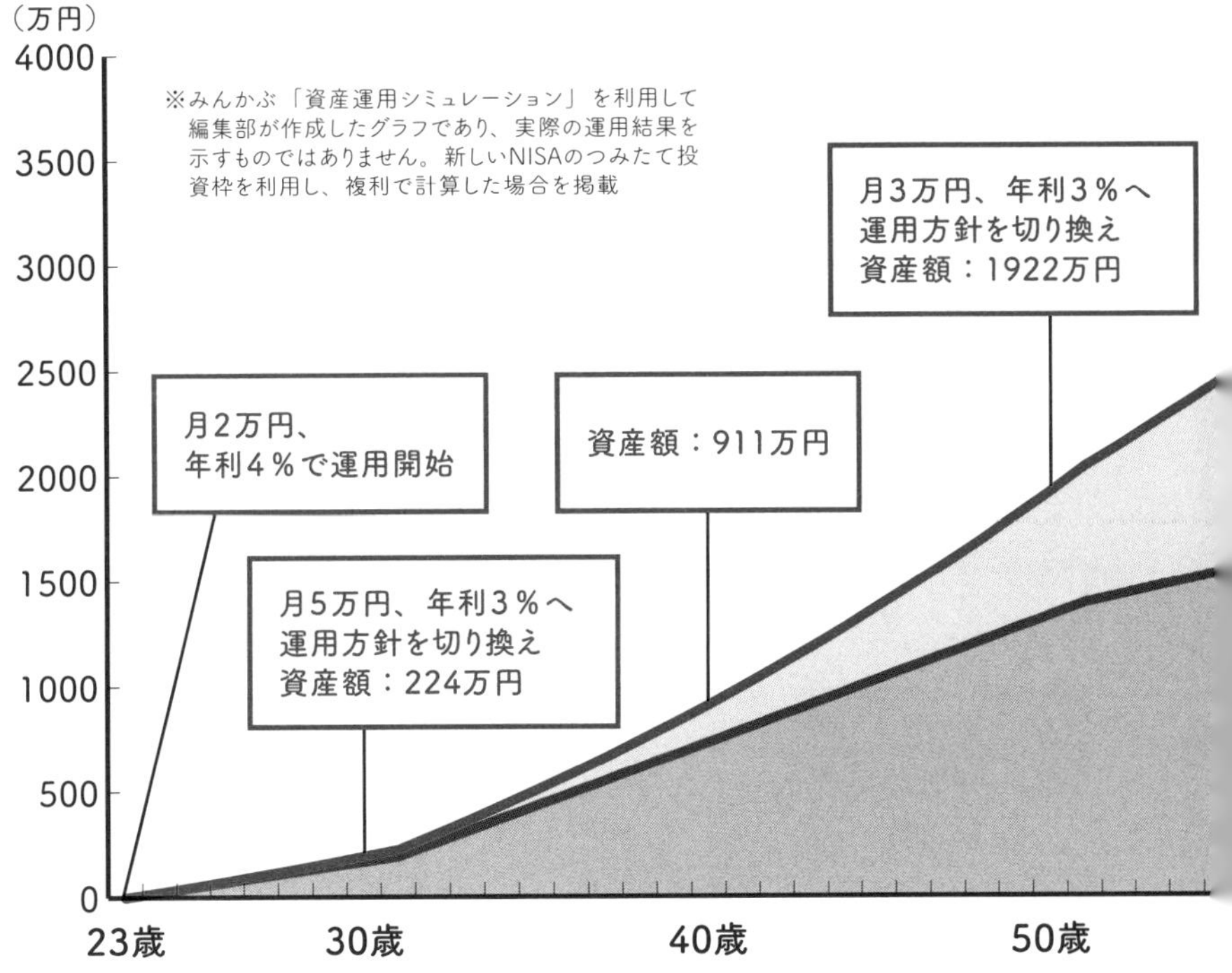

※みんかぶ「資産運用シミュレーション」を利用して編集部が作成したグラフであり、実際の運用結果を示すものではありません。新しいNISAのつみたて投資枠を利用し、複利で計算した場合を掲載

上図のように、23歳〜30歳の間は月2万円を年利4％で、31歳〜50歳の間は月5万円を年利3％で、51歳〜65歳の間は月3万円を年利3％で資産を運用したとします。このとき、65歳になれば元本は1896万円、運用益は1815万円、合計金額は3711万円になります。仮にこの運用を課税口座で行っていれば、運用益1815万円のうち約368万円（20・315％）が税金で引かれてしまいますが、NISA口座で同じ運用を行えば税金はかかりません。

この例では、**NISA口座で運用するだけで370万円近い金額がお得になるのです。**

NISAのメリット
2

２０２３年以内にＮＩＳＡで投資をしても意味はある？

現行NISAの種類

（2023年12月まで）

	一般NISA	つみたてNISA
運用方法	任意のタイミングや金額で売買を行う	毎月一定額をコツコツと投資する
非課税保有期間	5年間（運用は2027年まで）	20年間（運用は2042年まで）
年間投資枠	120万円	40万円
非課税保有限度額	600万円	800万円
投資対象商品	上場株式・投資信託など	長期の積立投資や分散投資に適した投資信託など

現行NISAは片方しか利用できません

memo

つみたてNISAの対象商品は金融庁が厳選している（74ページ参照）

２０２３年もまだ間に合う！

ＮＩＳＡ制度は、２０２４年１月から改正されます。改正後の「新しいＮＩＳＡ」を解説する前に、まずは改正前の現行ＮＩＳＡをおさらいしましょう。現行ＮＩＳＡは、毎月一定額を積み立てる「つみたてＮＩＳＡ」と、任意のタイミングや金額で取引を行う「一般ＮＩＳＡ」の２つに分かれます。現行ＮＩＳＡでは、２０２

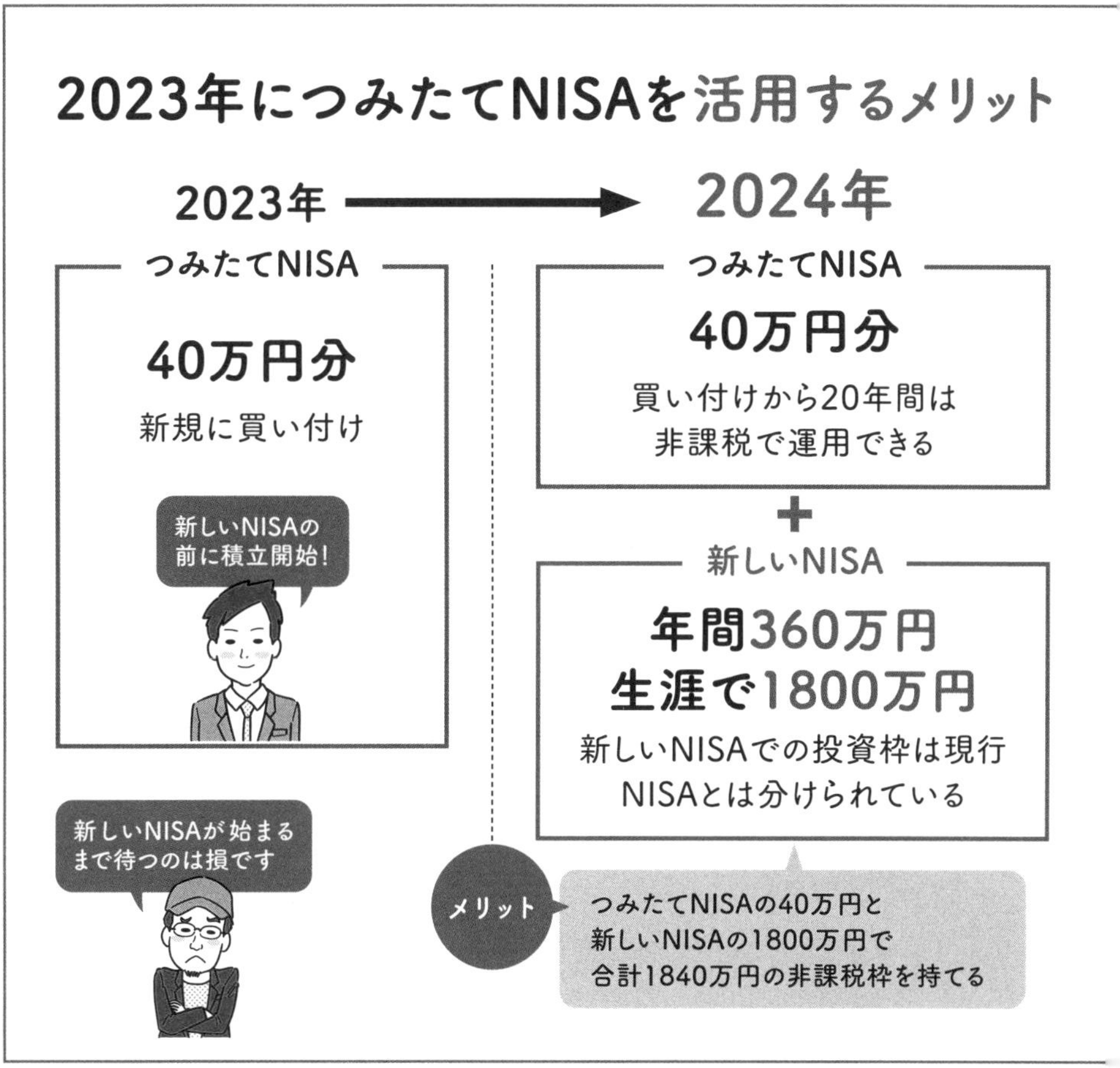
2023年につみたてNISAを活用するメリット
2023年
2024年
つみたてNISA
40万円分
新規に買い付け
新しいNISAの
前に積立開始！
新しいNISAが始まる
まで待つのは損です
つみたてNISA
40万円分
買い付けから20年間は
非課税で運用できる
＋
新しいNISA
年間360万円
生涯で1800万円
新しいNISAでの投資枠は現行
NISAとは分けられている
メリット
つみたてNISAの40万円と
新しいNISAの1800万円で
合計1840万円の非課税枠を持てる

4年以降に新たに買い付けを行うことができなくなりますが、**2023年中に現行NISAを行うことで、非課税枠が増えるというメリットがあります。**

現行NISAと新しいNISAは別制度です。仮に、2023年につみたてNISAで40万円分の資産を買い付けた場合、2024年以降も購入から20年までは非課税で運用を続けられます。2024年からは新しいNISAの非課税投資枠が年間で360万円、最大で1800万円（10ページ参照）ある一方、**つみたてNISAの40万円分は別枠の扱いになるため、合計で1840万円分の非課税枠を持てるのです。**

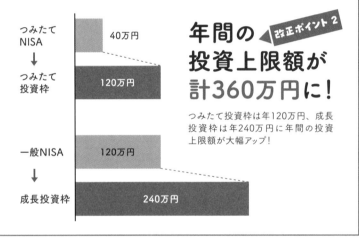

2024年からさらにお得になった新しいNISAの5つの改正ポイント

改正ポイント1

現行NISAと比べて投資の選択肢が広がった!

現行のつみたてNISAは「つみたて投資枠」として、一般NISAは「成長投資枠」としてひとつのNISA口座で一本化された。

つみたて投資枠でコツコツ運用

＋

成長投資枠で株・ETFを売買!

改正ポイント2

年間の投資上限額が計360万円に!

つみたて投資枠は年120万円、成長投資枠は年240万円に年間の投資上限額が大幅アップ!

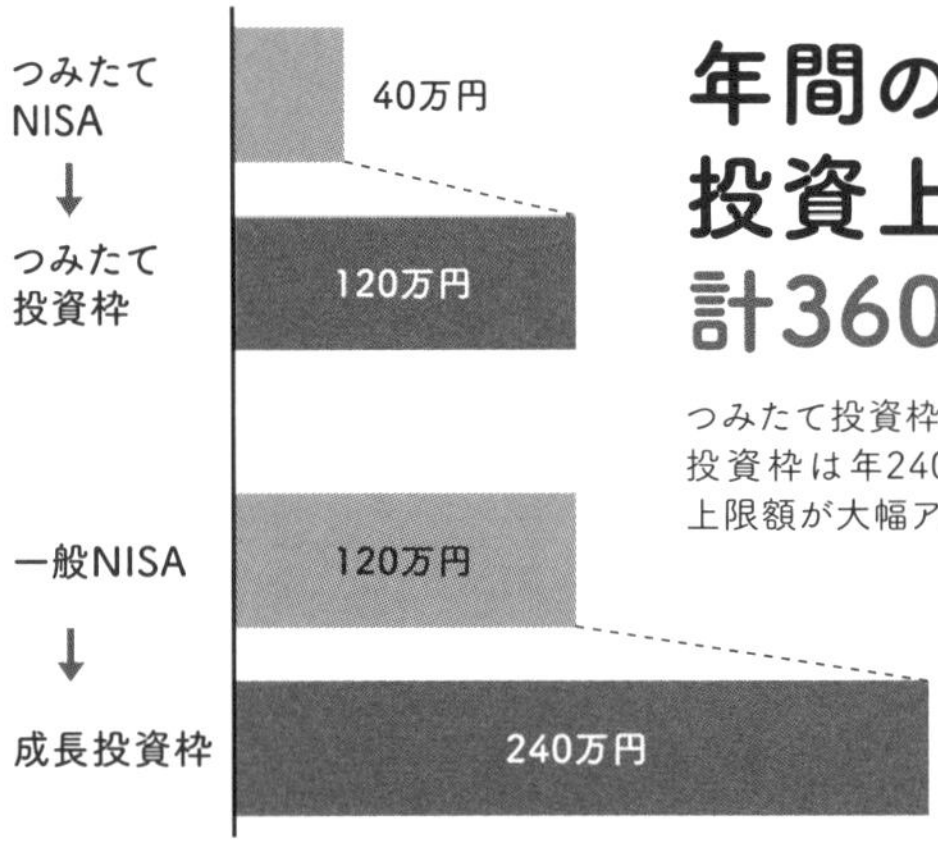

現行NISAが一本化された

2024年から開始する「新しいNISA」では、主に5つの点が改正されます。ひとつ目の改正ポイントは、**つみたてNISAと一般NISAが一本化され、投資の選択肢が広がる点です。**現行NISAではつみたてNISA、一般NISAのうち片方しか選択できませんでしたが、新しいNISAでは、つみたてNISAに該当

改正ポイント3

生涯で最大1800万円まで非課税で保有できる

年間の投資上限額とは別に、生涯で1800万円まで保有が可能になった（うち成長投資枠は1200万円まで）。

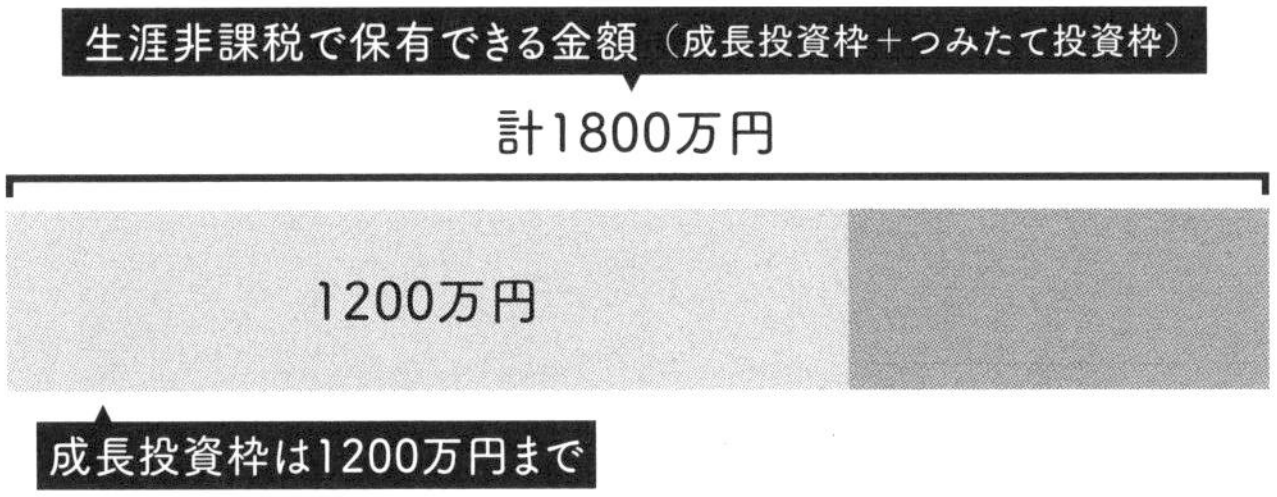
生涯非課税で保有できる金額（成長投資枠＋つみたて投資枠）
計1800万円
1200万円
成長投資枠は1200万円まで

売却すれば枠は復活します！

改正ポイント4

非課税保有期間の無期限化

つみたてNISAは購入から20年、一般NISAは購入から５年が非課税期間でしたが、新しいNISAでは期限が定められていません。

いつ売っても税金がかからない！

改正ポイント5

口座開設期間の恒久化

新しいNISAは制度の期限がないため、いつでも好きなタイミングで口座を開設することができる。

する「つみたて投資枠」、一般NISAに該当する「成長投資枠」のどちらも使えます。

２つ目の改正ポイントは、年間の投資上限額の増額です。つみたてNISAは年40万円、一般NISAは年１２０万円が上限だったのに対し、新しいNISAのつみたて投資枠は年１２０万円、成長投資枠は年２４０万円に増額されました。また、成長投資枠とは別に、生涯で１８００万円まで（うち成長投資枠は１２００万円まで）保有できる枠も設定されました。ほかにも、非課税で運用できる期間が無期限化されたり、NISAの口座開設時期が恒久化され、利便性が向上しました。

NISAのメリット
4

新しいNISAでどうやってプランを立てる？

NISAのプラン
1

無理に投資額を増やさない

まず貯めるべきお金の例

生活用資金
日々使用するお金。
1.5カ月分は確保する

生活防衛費
万が一のときに使うお金。6カ月分の生活費が目安

目的別資金
住宅購入、旅行など、使用の目的が決まっているお金

↓

お金が余ったら……

投資用資金
余ったお金で投資を行う

無理に投資額を増やさない

新しいNISAでは投資枠が大幅に上昇するため、「毎年360万円の上限を使い切って資産を増やそう」と考える人も少なくありません。しかし、**慌ててこの枠を使い切る必要はありません。**まずは「生活用の口座」「生活防衛費の口座」「旅行や住宅購入のための目的別口座」を十分に貯めて、余ったお金を投資に回すのが理想

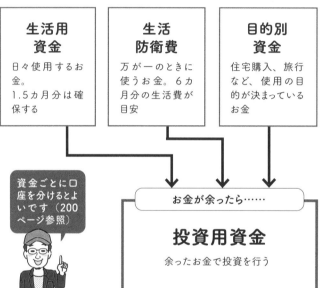

NISAのプラン 2

いつまでにいくら必要かを逆算する

65歳時点の経済状況（予想）

・65歳で定年退職
・年金が毎月18万円入る
・生活費は毎月25万円必要
・毎月7万円の赤字

→

目標金額

65歳までに2136万円

90歳までとして、2136万円を65歳までに貯めれば毎月7万円の赤字を25年間分補填できる

優先　つみたて投資枠

・長期で保有してリスクを低減
→82ページ参照
・複利効果で資産を増加

↓

こんなときに成長投資枠を使おう

・コツコツと毎月一定額を購入
・一時的に高配当ETFの価格が下がった
→長期保有して配当を得る

NISAのプラン 3

長期でコツコツ投資する姿勢を崩さない

です。次のステップは「何歳までにいくら必要か」の計算です。例えば、65歳以降、生活費が25万円かかるのに毎月18万円しか年金を受け取れない場合は、毎月7万円の不足を補う必要があります。こうした計算をもとに、**何歳にいくら必要で、何歳までに取り崩すかを検討しましょう。**

最後は「長期保有でコツコツ増やす」という姿勢を崩さないことです。新しいNISAでは成長投資枠で短期的な利益を狙うことも可能ですが、より安全に運用するためには、**「(価格が下がっても上がっても)コツコツと毎月一定額を積み立てて長期保有する」といった使い方がおすすめです。**

老後資金が不安な人こそ始めておきたい節税効果に期待できるiDeCo

メリット1 掛金が全額所得控除

課税所得が減ることで、所得税・住民税の節税効果がある

所得税・住民税のしくみ

収入

課税所得 ｜ 所得控除

収入全体のうち、所得控除以外の金額に対して所定の税率をかけて税額が決まる
＝
少ないほうがお得

収入全体から課税対象になる金額を差し引くのが「所得控除」
＝
多いほうがお得

例 配偶者有、年収500万円の会社員（企業年金なし）の場合

拠出額	所得税・住民税の節税額合計
月1万円	年1万8100円
月2万円	年3万6200円
月3万円	年4万1600円

公的年金に給付を上乗せできるお得な制度

iDeCoとは、公的年金とは別にお金を積み立て、公的年金の給付に上乗せできる「私的年金」の一種であり、3つの節税メリットがあります。ひとつ目は、**NISAと同様に運用益が非課税になること。**2つ目は、掛金が全額所得控除され、**所得税・住民税の負担を軽減できること。**

3つ目は、資産を受け取るとき

メリット2 運用益が非課税になる

NISAと同様、運用益の20.315％分の節税効果がある

メリット3 資産を受け取る際に税制優遇がある

受け取り時の非課税枠が大きく、退職所得控除または公的年金等控除の対象になる

一時金	積み立てた資産を一括で受け取る方法。受け取った資産は退職所得控除（164ページ参照）の対象
年金	積み立てた資産を分割で受け取る方法。受け取った資産は公的年金等控除（164ページ参照）の対象

例　配偶者有、年収500万円の会社員（企業年金なし）、40歳～65歳まで月1万円拠出し、年利3％で運用した場合

運用結果
443万円
（元本300万円＋運用益143万円）

→ 65歳に一時金で受け取ると →

退職所得控除により1150万円まで非課税で受け取りが可能

※1　NTTデータエービック「iDeCoシミュレーション」にて試算。実際の運用結果、節税額を示すものではない
※2　一時金で受け取る場合、退職金などその他の収入を考慮する必要がある（182ページ参照）

にも税制優遇があること。積み立てた資産は、一時金（一括での受け取り）か、年金（分割での受け取り）、一時金と年金の組み合わせの3つから選択できます。一時金の場合は「退職所得控除」を、年金の場合は「公的年金等控除」の対象となります。上図の例では、毎月1万円拠出（お金を払い投資すること、掛金とも）することで、年間で1万8100円の所得税・住民税が軽減されました。

また、60歳以降に一時金で受け取るケースでは、**1150万円まで非課税、つまり全額非課税で受け取れます。**

ただし、原則60歳まで積み立てた資金は引き出せません。

iDeCoのメリット 2

iDeCoは何歳から資産を受け取れるかを知りたい

押さえておくべきiDeCoの注意点

知っておくべき 1　iDeCoは原則60歳以降から受け取る

受け取り開始年齢（受給開始年齢）になるまでは原則資産を受け取ることができない。

年金制度の一種のため途中で引き出せません
¥

知っておくべき 2　iDeCoは途中でやめられない

掛金の減額や停止を行うことは可能（168ページ参照）だが、iDeCoのメリットは減少してしまう

これらの注意点を踏まえつつ、老後の資金形成・節税のメリットを受けましょう!

何歳から受け取れるかは加入期間によって変化する

iDeCoは、老後の資産形成を目的にできた制度のため、**原則、60歳にならないと資産を引き出すことはできません**。つまり、万が一途中でまとまったお金が必要になったとしても、iDeCoをやめたり、お金を引き出すことは原則できないのです（加入者が死亡した際の受け取りについては170ページ参照）。

加入年齢に伴う受給開始年齢

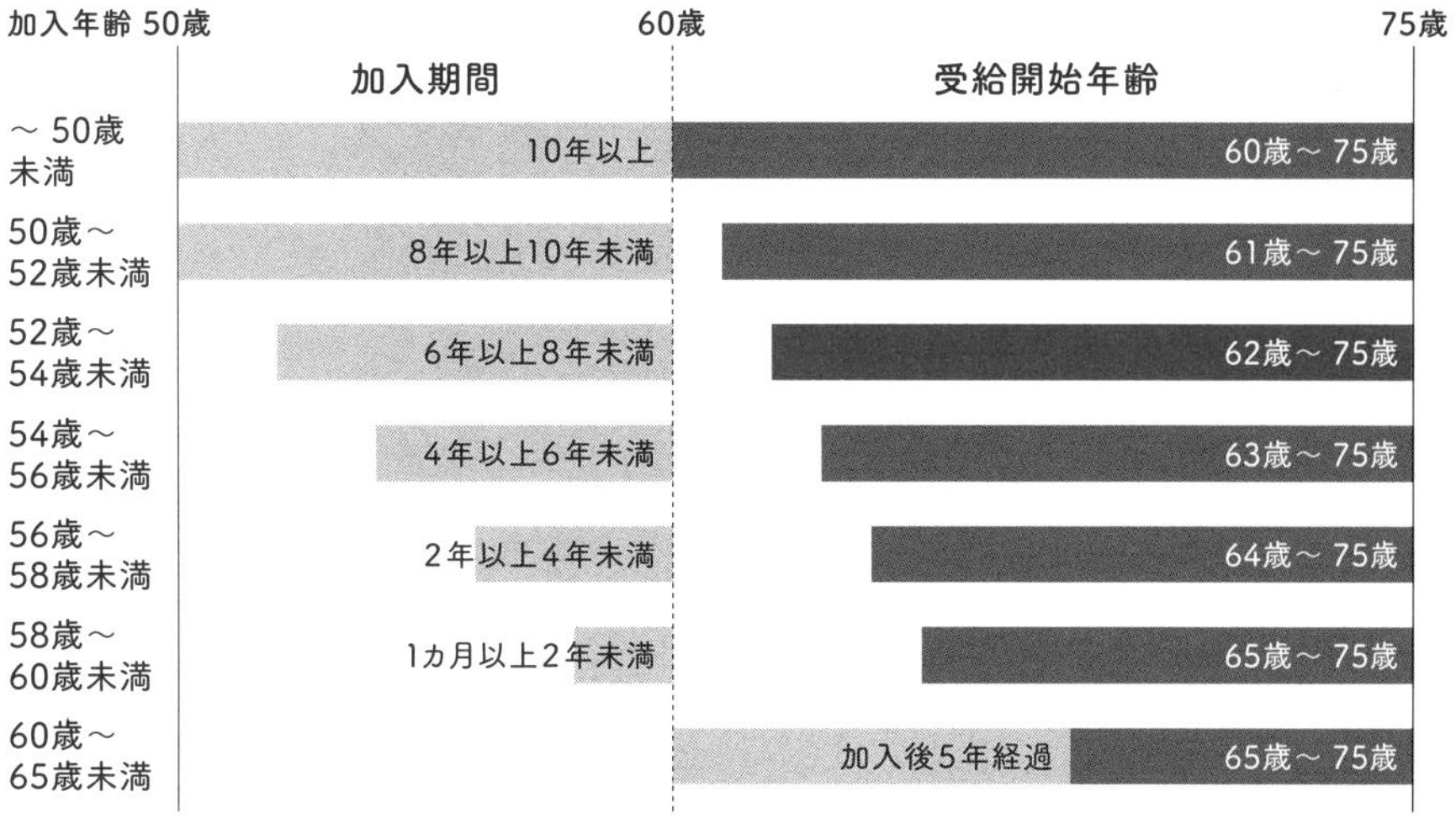

- 受給開始年齢は加入期間によって異なる
- 最長75歳まで運用を行える
- 75歳まで受け取りを開始しなかった場合、受け取り方法は一時金のみになる

→ **75歳までに年金受け取りを開始することで、75歳以降も運用を続けて資産の増加を狙う戦略もおすすめ（180ページ参照）**

また、iDeCoの加入期間によって受け取り開始の年齢が変わります。10年以上加入していれば60歳〜75歳の間に受け取りを開始できますが、**加入期間が1カ月以上2年未満の場合、65歳〜75歳の間でしか受け取れません。**こうした加入期間と受け取り開始年齢は、上図のように6段階に分かれています。

ただし、受け取り開始年齢になったからといって必ずしも受け取る必要はありません。

受け取り開始年齢以降も**運用だけを続けることはできるため、運用次第ではどんどんお金を増やすことも可能です。**

巻頭 はじめての人のための NISA& iDeCo超入門

第1章
新旧NISAの変更点と超基本を把握する

第2章 買うべき投資信託の選び方（つみたて投資枠）

第3章
はじめてでも失敗しない株式投資と売買のコツ（成長投資枠）

第4章 iDeCoでの投資のつまづきをなくす

第5章 長期投資を乗り切るプランの立て方

お読みください

NISAやiDeCoで購入できる金融商品は、元本の補償がない損失が発生するリスクを伴う投資です。本書は2023年9月時点の情勢を元に執筆しています。

本書は情報の提供を目的としたもので、その手法や知識について勧誘や売買を推奨するものではありません。

本書で解説している内容に関して万全を期しておりますが、その情報の正確性及び完全性を保証するものではありません。実際の投資にはご自身の判断と責任でご判断ください。

第1章

新旧NISAの変更点と超基本を把握する

「誤って複数のNISA口座を申し込んでしまった」「NISAの口座開設の手続きで課税口座についての選択項目があった」「商品を購入したのに口座に反映されていない」……はじめて新しいNISAを使う人が人が抱きがちな"細かすぎる疑問"を、FPが解決します。

入出金から
金融機関選び
までの疑問を
解決！

秋山 芳生

NISAのしくみ

Q 保有銘柄を売却したら投資枠はいつ復活するの？

A 新しいNISAは売却した瞬間に復活するのではなく、売却した翌年に復活します

一般NISAやつみたてNISAでは資産を売却しても投資枠は復活しませんでしたが、新しいNISAでは年間の投資上限枠とは別に、生涯に1800万円まで非課税で保有できる「非課税保有限度額」ができたことで、投資枠の復活が可能になりました。

例えば、新しいNISAで累計1650万円を投資している人が、ある年、その年ではじめて150万円の投資を行ったとします（左ページ2月）。このとき、**年間の投資上限額はまだ110万円分残っていますが、非課税保有限度額の1800万円の上限に達したため、これ以上は非課税枠を使うことができません。**

新しいNISAでは、毎年12月31日の非課税枠の利用総額をもとに、翌年に利用可能な非課税枠が決定します。

つまり、前述の例で200万円の資産を売却しても、**200万円分の非課税保有限度額が復活するのは翌年です**（左ページ翌年）。

非課税保有限度額の復活のスケジュール

1月

非課税保有限度額：1650万円
（つみたて投資枠800万円＋成長投資枠850万円）

2月

成長投資枠で150万円分購入

↓

非課税保有限度額：1800万円　ここで上限に達する
（つみたて投資枠800万円＋成長投資枠1000万円）

3月

成長投資枠で購入した金額から200万円分売却　投資枠はすぐには復活しない

翌年

前年3月に売却した200万円が復活
非課税保有限度額：1600万円
（つみたて投資枠800万円＋成長投資枠800万円）

成長投資枠と同様、つみたて投資枠でも翌年に枠が復活します
秋山

Point!

「年間の投資上限額」と「非課税保有限度額」を把握したうえで計画的に売買しましょう

Q 投資枠の復活は「買ったときの額」？「売ったときの額」？

A 「買ったときの額」が復活します

新しいＮＩＳＡでは１８００万円の非課税保有限度額に達しても、資産を売却すれば投資枠が復活します。この復活する金額は、「買ったときの額」がベースになります。

例えば（左ページ上図）、３６０万円（成長投資枠２４０万円＋つみたて投資枠１２０万円）で購入した銘柄の価格が上がり、５年後には４１０万円（元本３６０万円＋運用益１１０万円）になったとします。

ここで資産をすべて売却した場合、投資枠は４１０万円分（売った額）が復活するように思えますが、４１０万円が復活するのではなく、購入時の３６０万円分が復活するのです（左ページ下図）。

正しく非課税保有限度額の上限を把握できるよう、**新しいＮＩＳＡで銘柄を購入した際、（特に成長投資枠では）購入金額を記録しておく**ことで、いくら売却すればいくら投資枠が復活するかを管理しやすくなります。

資産を売却したときの非課税保有限度額の変化

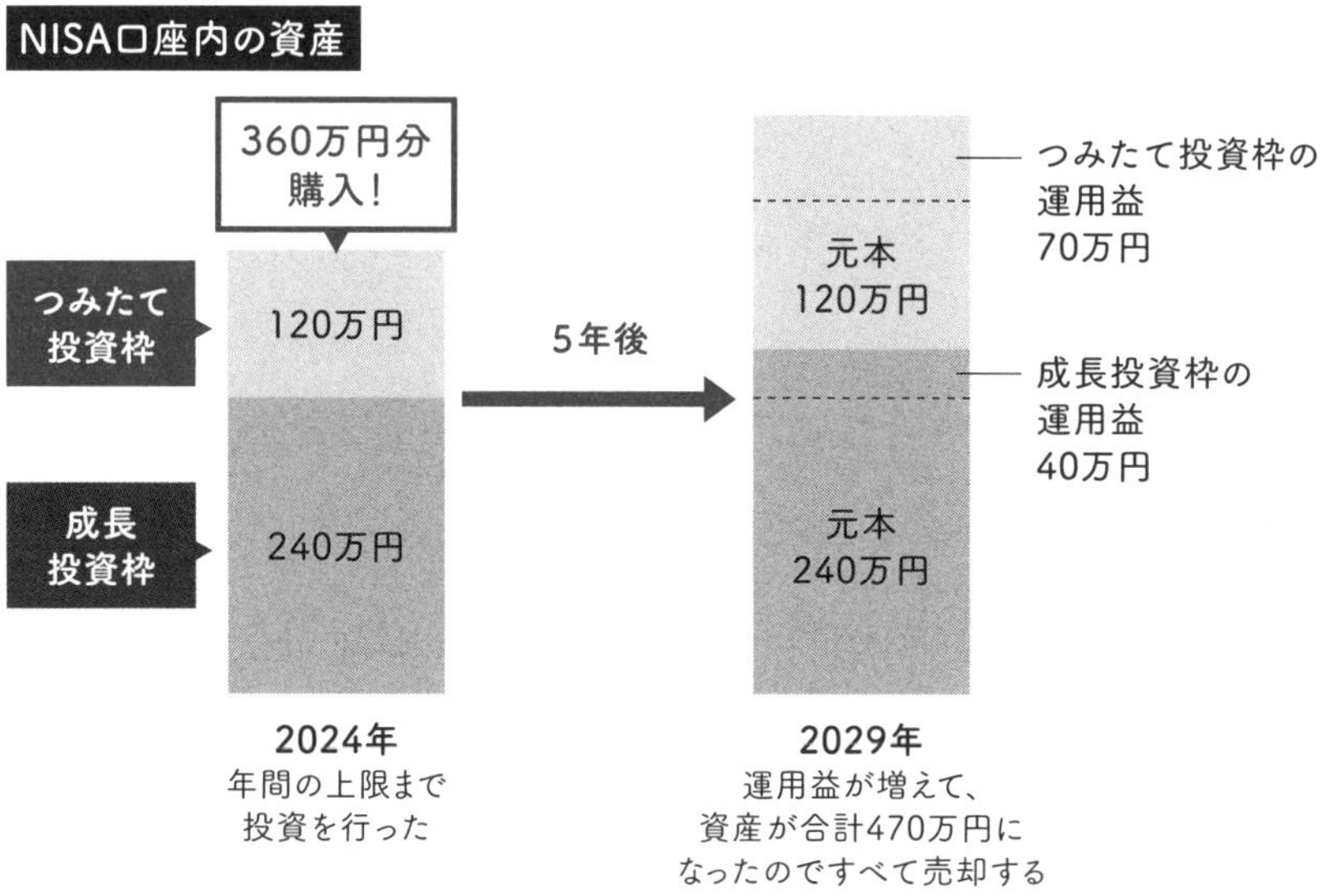
NISA口座内の資産
360万円分購入！
つみたて投資枠
120万円
成長投資枠
240万円
5年後
元本 120万円
元本 240万円
つみたて投資枠の運用益70万円
成長投資枠の運用益40万円
2024年
年間の上限まで投資を行った
2029年
運用益が増えて、資産が合計470万円になったのですべて売却する

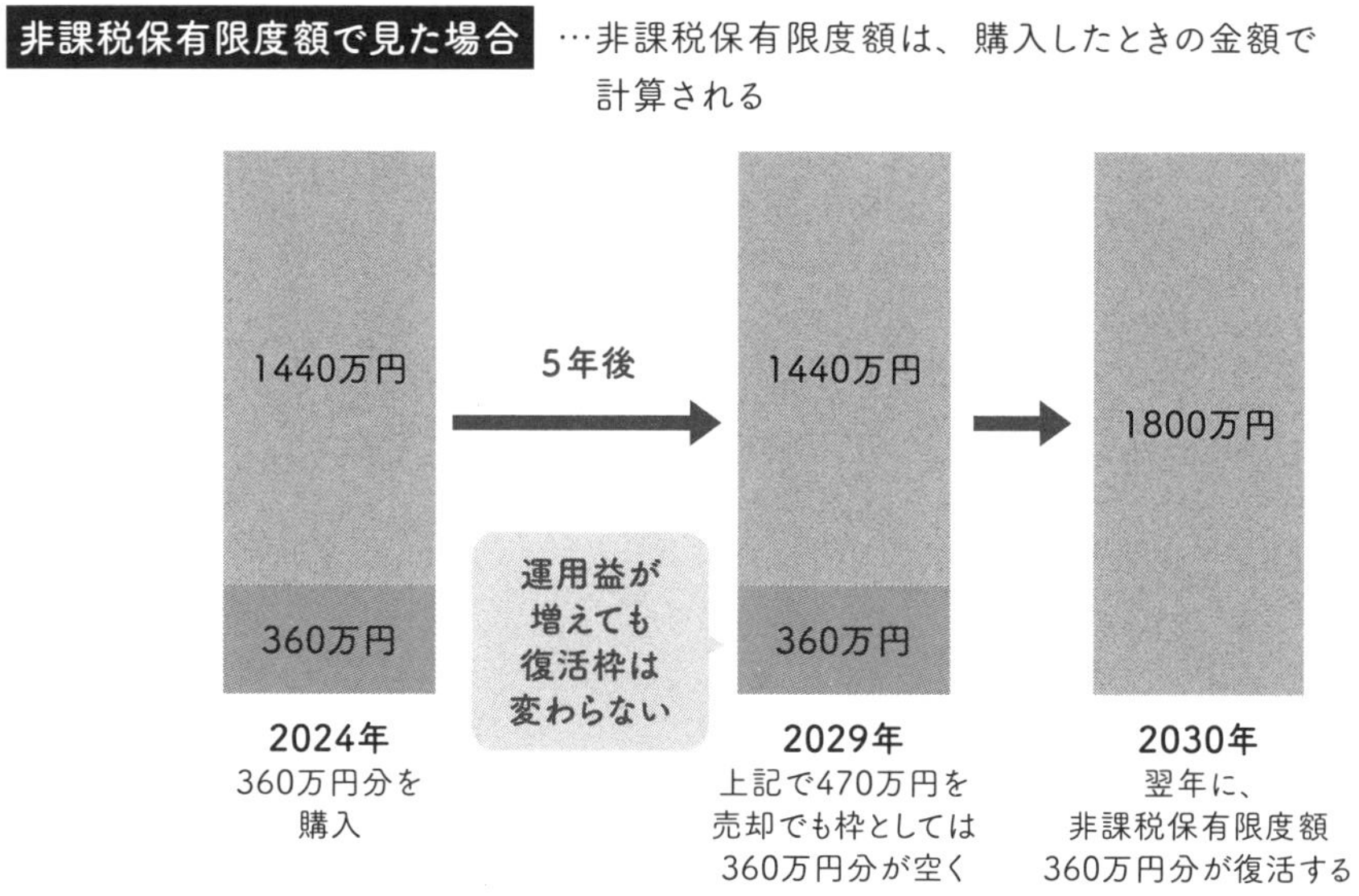
非課税保有限度額で見た場合
…非課税保有限度額は、購入したときの金額で計算される
1440万円
360万円
5年後
運用益が増えても復活枠は変わらない
1440万円
360万円
1800万円
2024年
360万円分を購入
2029年
上記で470万円を売却でも枠としては360万円分が空く
2030年
翌年に、非課税保有限度額360万円分が復活する

Q NISA口座と課税口座（特定口座と一般口座）は何が違うの？

A 「利益に課税されるか」「年間取引報告書を自動で作成してくれるか」が異なります

特定口座とは、1〜12月の間に行った取引の損益をまとめた「年間取引報告書」を証券会社が作成してくれる課税口座です。「源泉徴収あり」を選択すると、利益から自動で税金が引かれるため確定申告は不要となります。「源泉徴収なし」を選択すると、年間の利益が20万円以上出たとき、自身で確定申告を行う必要があります。「一般口座」は、年間取引報告書を自分自身で作成し、かつ確定申告を行う課税口座です。**左記の課税口座でもっとも手間のかからないものは特定口座（源泉徴収あり）です。**

NISA口座を開設する際、「一般口座」または「特定口座」の開設の有無を記入するケースがあります。「NISA口座しか使わないけど、口座開設の手続きでどれかを選択しないといけない……」といった場面では、特定口座（源泉徴収あり）を選ぶとよいでしょう。

もちろん、将来的に課税口座を使う場合でも、手間の少ない特定口座（源泉徴収あり）がおすすめです。

源泉徴収　給与や利子、配当などの所得を支払う人が所得の支払い時に、決められている方法により計算した所得税額を支払金額からあらかじめ差し引いて国に納付する制度

各口座の確定申告と年間取引報告書の扱いの違い

		確定申告	年間取引報告書	
	NISA口座	不要	不要	手間が少ない
課税口座	一般口座	必要	自分で作成	手間が多い
課税口座	特定口座（源泉徴収あり）	不要※	証券会社が作成を代行	手間が少ない
課税口座	特定口座（源泉徴収なし）	必要	証券会社が作成を代行	手間が多い

memo

確定申告は、損失が出たときや、年間の利益が20万円以上になった場合に行う

NISA口座を開くには課税口座が必要なので、特定口座を選んで口座開設しましょう

秋山

さらに知りたい

年間取引報告書とは？

1～12月の間に行った取引の損益をまとめた書類。源泉徴収なしを選択した場合は確定申告が必要になるが、年間取引報告書を用いると簡易的に行える

Point!

課税口座を持つ場合、年間20万円以上の利益を狙うなら特定口座（源泉徴収あり）を選択しましょう

※「源泉徴収あり」を選択しても、確定申告はできる

Q 2024年以降、現行NISAはどうなるの？

A 売却をしなければ、非課税期間が終わり次第課税口座に自動的に移管されます

現行NISAにおいて、一般NISAは5年間、つみたてNISAは20年間と、現行NISAとしてそれぞれ非課税で運用できる期間が決まっています。2024年以降も、この**非課税期間内であれば今まで通り資産を運用できますが、新しく商品を買い付けることはできません**。

2024年以降、前述の非課税期間が終了すると、いままで運用してきた資産は自動的に特定口座などの課税口座に移管されます。

課税口座への移管といっても、**非課税期間内に得た利益は課税されず、あくまで移管後に得た利益に対して約20％の税金がかかります**※1。また、一般NISAで株式の配当金を受け取っていた場合、移管後に得た配当金のみ課税対象となります。

一般NISA、つみたてNISAともに、非課税期間が終了した時点ですべての資産が課税口座に移管されます※2。

※1　所得税15％＋住民税５％＋復興特別所得税0.315％（復興特別所得税は2037年まで）
※2　移管時には取得価額が変更となる。詳しくは36ページを参照

一般NISAを利用していた場合の2024年以降の動き

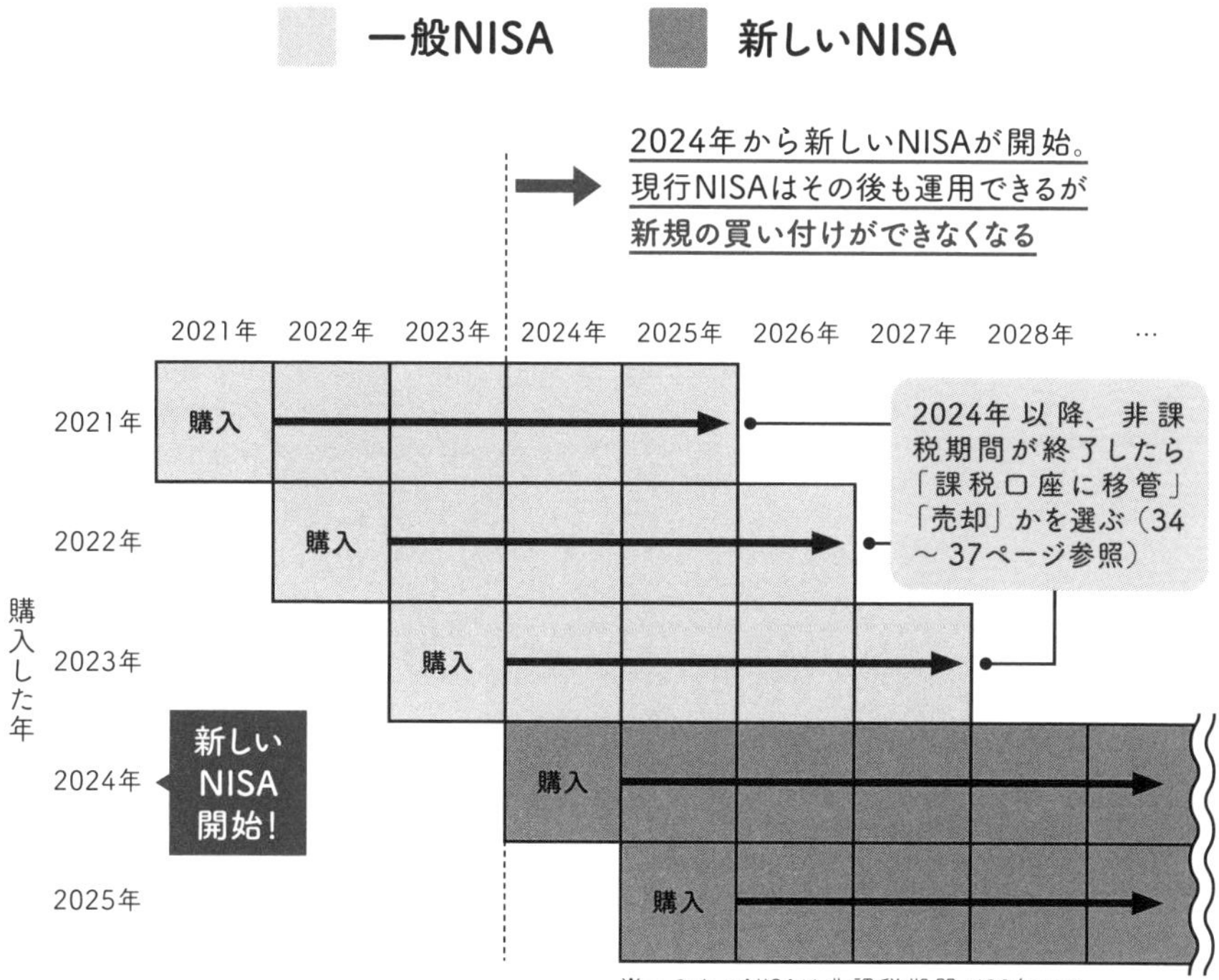
一般NISA
新しいNISA
2024年から新しいNISAが開始。
現行NISAはその後も運用できるが
新規の買い付けができなくなる
2021年
2022年
2023年
2024年
2025年
2026年
2027年
2028年
…
購入した年
2021年
2022年
2023年
2024年
2025年
購入
購入
購入
購入
購入
2024年以降、非課税期間が終了したら「課税口座に移管」「売却」かを選ぶ（34～37ページ参照）
新しいNISA開始!

※つみたてNISAは非課税期間が20年のため、購入から20年が経過したら「課税口座に移管」「売却」かを選ぶことになる

現行NISAの運用は継続！ 非課税で資産を増やしましょう！
秋山

Point!

2024年以降は現行NISAでの買い付けができませんが、運用はできるのでそのまま保有しておきましょう

現行NISAから新しいNISAへロールオーバーはできないの？

A 現行NISA（一般NISA・つみたてNISA）の資産は、新しいNISAへ移すことはできません

2023年まで、一般NISAには「ロールオーバー」というしくみがありました。これは、一般NISAで買い付けてから5年が経過し、非課税期間が終了しても、所定の手続きを踏むと新規の一般NISAの枠で非課税での運用を続けられる制度です。しかし、**現行NISAから新しいNISAへのロールオーバーはできません**※。一般NISAは非課税期間が終了すれば課税口座に移管されるか、売却をするかを選択する必要があります。

同様につみたてNISAでも、新しいNISAの口座に資産を移すことはできません。どうしても新しいNISAに移したい場合、一度売却をしてから新たに新しいNISAで買い付ける必要があります。

ただし、**つみたてNISAを使っていた人が資産を売却すると、非課税で運用できる期間が少なくなってしまいます**。急いで新しいNISAに移す必要はないため、つみたてNISAの非課税期間はフルに活用しましょう。

※つみたてNISAではロールオーバー自体できない

一般NISAにおけるロールオーバー（2024年以降は廃止）

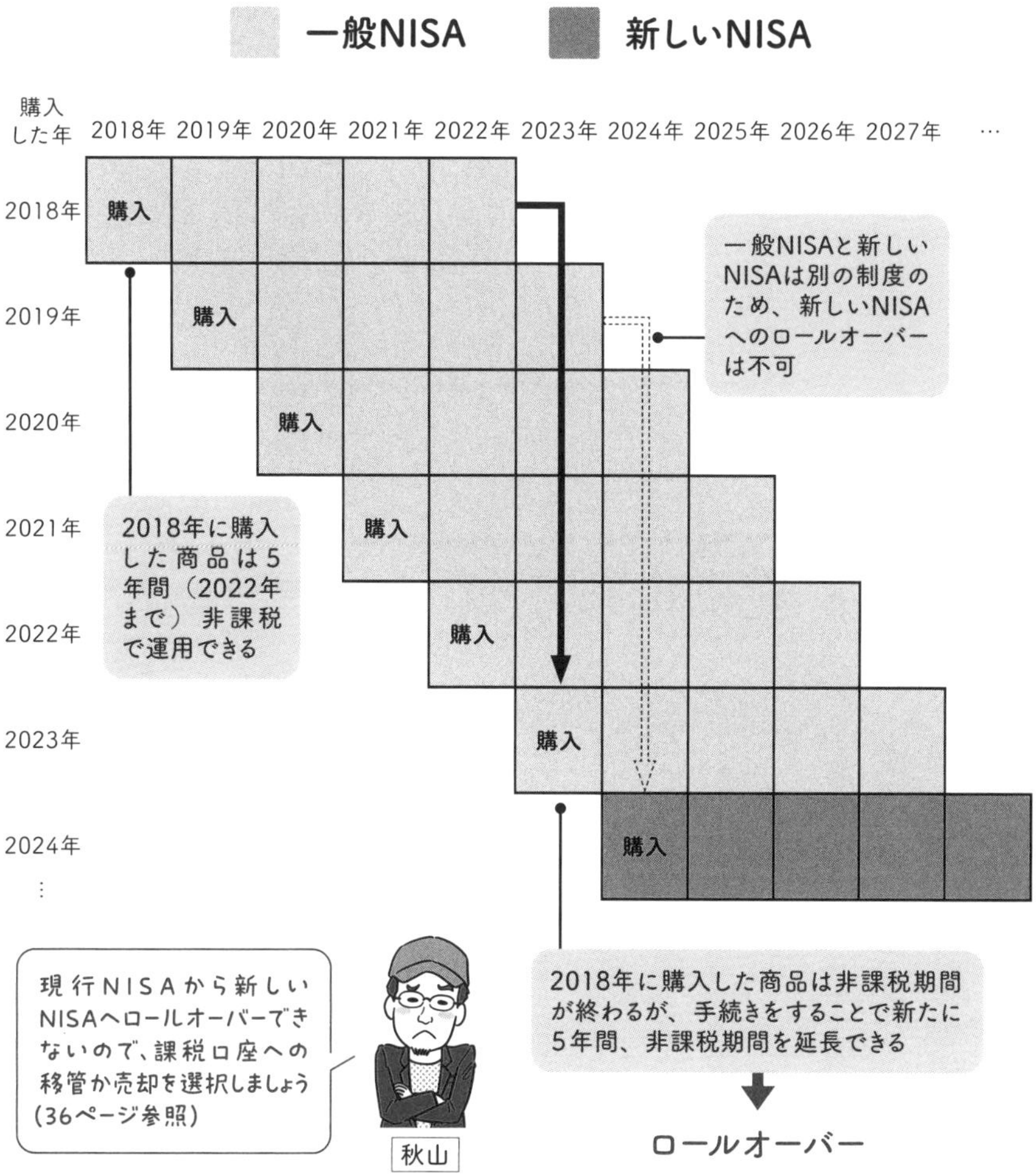

一般NISA
新しいNISA
購入した年
2018年 2019年 2020年 2021年 2022年 2023年 2024年 2025年 2026年 2027年 …
2018年
2019年
2020年
2021年
2022年
2023年
2024年
購入
購入
購入
購入
購入
購入
購入
一般NISAと新しいNISAは別の制度のため、新しいNISAへのロールオーバーは不可
2018年に購入した商品は5年間（2022年まで）非課税で運用できる
現行NISAから新しいNISAへロールオーバーできないので、課税口座への移管か売却を選択しましょう（36ページ参照）
秋山
2018年に購入した商品は非課税期間が終わるが、手続きをすることで新たに5年間、非課税期間を延長できる
ロールオーバー

Point!

新しいNISAと一般NISAは別の制度のため
ロールオーバーは適用できません

NISAのしくみ

Q 現行NISAの非課税期間終了後所有している銘柄はどうなる？

A 非課税保有限度額が余っていれば売却して新しいNISAに充てましょう

現行の一般・つみたてNISAは、新しいNISAにロールオーバーができないため、非課税期間が終了する前には、非課税のうちに売却するか、終了時に課税口座へ移管させるかを検討しましょう。このとき、新しいNISAの非課税保有限度額の枠が残っており、かつ保有を続けて運用益を狙えると判断できれば非課税のうちに売却し、その資金を新しいNISAに充てるとよいでしょう。

新しいNISAの非課税保有限度額すべてを使い切った場合、課税はされますが移管先の課税口座で運用を続けるとよいでしょう。

課税口座に移管されても、**NISA口座で運用して得た利益は課税の対象にはなりません**。年末時点（非課税期間満了時）の時価で課税口座に移管され、この移管時の時価が元本と見なされます。この元本に対して発生した運用益が課税対象です。ただし、移管時に価格が下がっていれば、その後価格が上昇して課税されるケースもあります。

現行NISAの非課税期間終了後の対応

1 新しいNISAの非課税保有限度額が残っている場合

新しいNISAの運用資金にして非課税投資を継続しましょう！

秋山

- 課税口座へ移管される前に非課税で売却をして、その売却資金を新しいNISAの運用資金に当てる
  こうすることで、資金をずっと非課税で運用できるようになる

2 新しいNISAの非課税保有限度額を使い切った場合

- 課税口座に移管し、**課税口座で運用を続ける**（課税対象になる）
- 年末時点（非課税期間満了時）の時価で課税口座に移管され、移管後の利益が課税対象になる
- ただし、下図のように株価の下落によって非課税の恩恵を受けられないケースもある

一般NISAの移管時に損をするケース

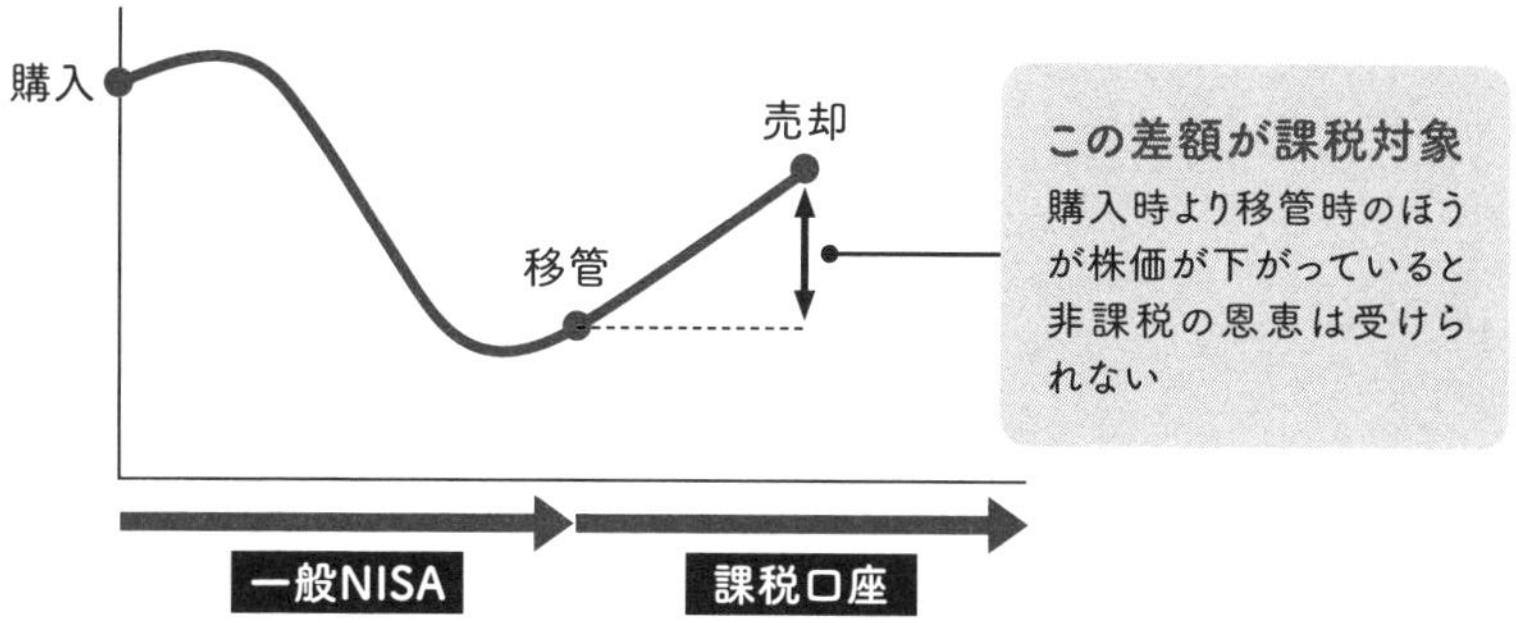
購入
売却
移管
この差額が課税対象
購入時より移管時のほうが株価が下がっていると非課税の恩恵は受けられない
一般NISA
課税口座

Point!

新しいNISAの非課税保有限度額が残っている場合、新しいNISAで買い付けし直すとよいでしょう

Q NISA口座内のお金はすぐに入出金できるの？

A 入金は最短で30分ほど、出金は翌営業日に反映されます

現行NISAや新しいNISAでは、通常の証券口座と同様、入出金には所定の時間がかかります。

楽天証券で振込入金を行う場合、営業日の9時〜15時までに振り込めば30分〜1時間ほどで反映されます。また、通常出金を行う場合、営業日の15時30分までに手続きを行うと、翌営業日に反映されます。

ただし、金融機関によって入出金の規定は異なります。SBI証券では、営業日の14時までに振り込むと約1〜2時間ほどで入金が反映され、営業日の15時30分までに出金手続きを行うと翌営業日に反映されます。

左図に、楽天証券、SBI証券、松井証券の入出金サービスをまとめました。**いずれも、早くても入金は30分、出金は翌営業日であることがわかります**。

また、金融機関によっては、インターネットバンキングを利用して即時入金できる「リアルタイム入金」などを使うこともできます。

インターネットバンキング　銀行の窓口やATMに行かなくとも、自宅や外出先で営業時間を気にすることなく、振込や残高照合などができる金融取引サービス。オンラインバイキングとも呼ぶ

証券会社3社の入出金の対応

各証券会社の入金サービスの例

楽天証券	振込入金	営業日の9時～15時までに振り込むと30分～1時間で反映
	リアルタイム入金	7時30～40分、16時30分～17時15分を除き即時反映
SBI証券	振込入金	営業日14時までに振り込むと、1～2時間で反映
	即時入金／リアルタイム入金	即時
マネックス証券	振込入金	営業日の15時までに振り込むと30分～3時間分以内に反映
	即時入金	1時50分～5時、23時55分～0時5分を除き即時反映※1

※1　振り込む金融機関、曜日によって利用可能時間が異なる

各証券会社の出金サービスの例

楽天証券	通常出金	営業日の深夜0時～15時30分※2の間に手続きをすると翌営業日に反映
SBI証券	出金	営業日の15時30分までに手続きをすると翌営業日に反映
マネックス証券	出金	営業日の5時～15時、17時～20時28分までに手続きをすると翌営業日に反映
	即時出金	営業日の15時～17時、20時20分～20時30分、23時55分～0時5分、1時50分～5時を除き即時反映※3

※2　3時～朝6時、7時30分～7時40分は受付停止
※3　振り込む金融機関、曜日によって利用可能時間が異なる
※4　リアルタイム入金・振込入金・振替入金（ゆうちょ銀行）で入出が可能。銀行振込は14時前の入金手続きで1～2時間ほど、振替入金は4～5日ほどかかる

Point!

出金はリアルタイムで対応できないケースもあるため、余裕を持って出金指示を出しておきましょう

Q NISAの資産を売却したらすぐに現金化できるの？

A 投資信託の現金化は早くても4～5営業日かかります

NISAで運用した資産を現金化する際、「資産の売却→出金手続き→口座からの引き出し」という3つの段階を踏みます。

投資信託では、売却注文を出すと当日～3営業日で売却が成立します。ネット証券であれば、売却注文が成立（約定）するとお知らせのメールが届くので、メールに記載された受渡日（売買代金を受け取れる日）を確認しましょう。

投資信託は、**注文日から受渡日までは早くても4～5営業日かかります**。受渡日の目安は目論見書（78ページ参照）に記載されているので、事前に確認するとよいでしょう。

受渡日になると口座に売却した分の金額が入金されるため、必要な金額だけ出金指示の手続きを行うことで、現金化することができます。

急な出費でどうしてもNISA口座の資産を切り崩す必要がある場合は、**余裕を持って1～2週間前に売却するとよいでしょう**。

株式の現金化　約定は注文が執行されたとき。受け渡しは約定日から2営業日（SBI証券の場合）

売却注文から受渡日までの例（投資信託）

日	月	火	水	木	金	土
1	2	3	4	5	6	7
				注文日 資産の売却注文を出す	→	
8	9	10	11	12	13	14
	→	**約定** 当日～3営業日ほどで注文が確定	→	**受渡日** 売買代金を受け取れる	**売買代金の受け取りが確認できたら、出金の手続きを行う**	

■ 代金の確認は目論見書で確認できる

手続・手数料等

■お申込みメモ

購入時	購入単位	販売会社が定める単位 販売会社にご確認ください。
	購入価額	購入申込受付日の翌営業日の基準価額 ※基準価額は1万口当たりで表示されます。基準価額は委託会社の照会先でご確認ください。
	購入代金	販売会社が指定する期日までにお支払いください。
換金時	換金単位	販売会社が定める単位 販売会社にご確認ください。
	換金価額	換金申込受付日の翌営業日の基準価額
	換金代金	原則として、換金申込受付日から起算して5営業日目から販売会社においてお支払いします。

出所：eMAXIS Slim 米国株式（S＆P500）の交付目論見書

交付目論見書の「手続き・手数料」の項目のうち、「換金代金」の欄に記載されている

売却後、すぐに現金化するわけではありません！

秋山

投資信託の約定　投資信託によって約定日が異なる場合がある

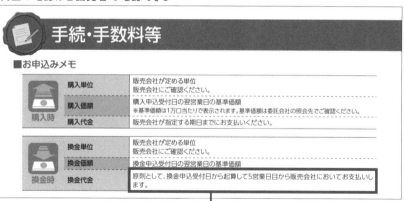

NISAのしくみ

Q 海外で生活してもNISA口座は使えるの？

A 手続きが必要です。最長5年までは継続して運用できますが海外在住中は新規買い付けができません

NISAを利用できるのは「NISA口座を開設する年の1月1日現在で、日本国内に在住の18歳以上の人」という条件があります。つまり、海外に住んでいる人はNISA口座を開設することはできません。

また、すでにNISA口座を持っている人が海外転勤・海外赴任などで海外に出国する場合、「非課税口座継続適用届出書」という書類を金融機関に提出することで、最長5年までNISA口座で資産を保有することができます。

ただし、海外に住む間は新たに金融商品を買い付けることはできません。

また、出国から5年以内に帰国して金融機関に「帰国届出書」を提出することで、NISAの買い付けを再開できます。

海外に5年以上住む場合や、帰国・出国時の手続きを忘れた際は、NISA口座が解約され、資産は課税口座に払い出されます。海外転勤・赴任に対応していない金融機関もあるため、事前に問い合わせましょう。

NISA口座を継続できる条件

条件

- 企業（給与などの支払をするもの）からの**転任の命令**などの理由で出国をする
- 転勤などの理由以外での出国は継続不可
- 継続できるのは**最長で5年**まで

出国時の手続き

- 「（非課税口座）継続適用届出書」を金融機関へ提出する
- 提出期限は出国の前日まで

帰国後の手続き

- 「（非課税口座）継続適用届出書」を提出した日から5年以内に「（非課税口座）帰国届出書」を金融機関へ提出

出所：日本証券業協会「2024年以降のNISAに関するQ&A」

新しいNISA以降は随時
証券会社に確認しよう
秋山

主な金融機関における海外転勤中のNISA口座の対応

野村證券	○	一般NISA・つみたてNISA どちらも継続可能
楽天証券	△	一般NISAのみ継続可能。つみたてNISAは継続不可
SBI証券	×	一般NISA・つみたてNISAの口座は閉鎖。預り金は一般口座へ払い出しが可能
auカブコム証券	×	一般NISA・つみたてNISAの口座は閉鎖。預り金は一般口座へ払い出しが可能

※2023年９月時点

Q 子ども用に口座をつくりたいけど18歳にならないとだめ？

A 課税口座で投資を行うか、18歳になってからNISA口座を開設しましょう

18歳未満を対象とした「ジュニアNISA」は、2023年12月末で廃止となります（2023年9月時点）。2024年以降は、購入から5年が経過すると自動的に継続管理勘定に移り、18歳になるまで非課税で運用できます。2024年以降、ジュニアNISA口座でも継続管理勘定でも、好きなタイミングで資産を引き出せますが、新規に買い付けを行えません。

また、**新しいNISAの口座は18歳以上の人が対象**のため、非課税で運用するなら18歳になるのを待つことになります。ただし、親が同一の証券会社で口座を持っていれば、子ども名義で課税口座を開設できます。**運用期間が15年以上あればリスクを抑えて資産形成できる**ため、課税口座での運用を視野に入れるとよいでしょう。学資をつくる場合、基本は現金で貯めるのがよいですが、15年以上の運用期間があれば投資も有効です。例えば、左図のように子どもが0〜3歳のときに一括投資をすれば、大学入学まで15年以上の時間を確保できます。

継続管理勘定　「ジュニアNISA」の廃止以降、非課税期間が終了する場合、口座開設者本人が18歳になるまで金融商品を保有するための非課税枠のこと

2024年以降のジュニアNISAの対応と18歳未満の資産形成の対策

2024年以降のジュニアNISAの対応

・18歳まで、かつ購入から5年の非課税期間以内であれば非課税での運用が可能
・非課税期間が終了すれば「継続管理勘定」へ自動で移管される
・2024年以降は新規の買い付けはできない

18歳未満で積立投資を行う場合の選択肢

①学資の形成を目的とする場合

➡15年以上の運用期間を確保できる場合のみ課税口座で一括投資する

0〜3歳
0〜3歳までの間に課税口座を開設

18歳
大学入学時に形成した資産を使う

運用期間を15年、最低でも10年確保できない場合は、リスク回避のため、投資ではなく現金で学資を用意する

②子どもの老後資金の形成を目的とする場合

➡15年以上の運用期間を確保しつつ、課税口座・NISA口座を活用する

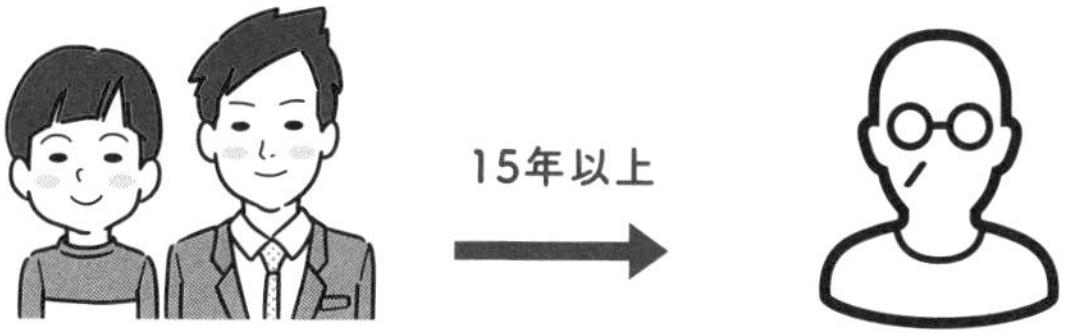

0歳〜
運用期間を十分確保できるため開始の時期は問わない

子どもの老後
老後に形成してきた資産を使う

老後資金の場合、18歳になるのを待って新しいNISA口座を開設するのもあり

Q NISA口座で損失を出したけど確定申告で控除できる?

A NISA口座では、通常の投資のように確定申告で損益通算を行うことはできません

損益通算とは、同じ年に発生した利益と損失を相殺することです。例えば、課税口座において、銘柄Aで50万円の利益が、銘柄Bで60万円の損失が出たとします。このとき、損益通算をしなければ、銘柄Aの利益50万円に対して約20%の税金（約10万円）がかかります。しかし、確定申告を行って損益通算を適用すると、利益と損失を合算して年間の損益を「10万円の損失」として扱えるため、税金を納める必要がなくなります。

ただし、NISA口座はもともと非課税なので、確定申告はおろか、損益通算は適用されません。仮に、NISA口座と課税口座を併用しており、NISA口座で損失が出ても、**NISA口座の損失で課税口座の利益を相殺することは不可能です**。

Point!

NISA口座で損失を出しても控除を受けることはできません

NISAのしくみ

Q

NISA口座を複数申し込んだらどうなるの？

A

希望の金融機関以外の申し込みを速やかに取り消す必要があります

NISA口座は、ひとり1口座のみ開設できます。NISA口座の開設を申し込むと、金融機関が税務署に「非課税適用確認書の交付申請書」を提出します。税務署で受理されるとNISA口座が開設されますが、税務署側ですでにNISA口座があることが判明すれば、非課税適用確認書の交付は行われず、開設は受理されません。**こうした税務署のチェックがあるため、ひとりでNISA口座を複数持つことはできないのです。**

仮に、何らかの手違いによって同時に複数の金融機関で開設を申し込んだ場合、「最初に税務署で受理された金融機関」でNISA口座が開設されます。希望の金融機関で口座を開設できるよう、速やかに不要な申し込みを取り消しましょう。

Point!

税務署によるチェックがあるため複数口座が開設されることはありません

Q 投資で損するリスクはどのくらいあるの？

A 「金融商品の値動きの幅＝リスク」のため、商品によって大きく変わります

投資は、買った値段と売った値段の差額が利益になります。金融商品の金額が大きく変動するほど売買価格に差が生まれやすく、大きな利益を狙うことができます。

例えば、ある商品を購入したとします。その商品は1年後に15%値上りする可能性もあれば、15%値下りする可能性もあります。この振れ幅が大きいほどリスクが大きく、この振れ幅が小さいほどリスクが小さな商品といえます。

つまり、**投資の世界においては「金融商品の値動き＝リスク」と考えることができるのです**。

一般的に、預金や債券は株に比べて値動きが小さく、リスクの低い商品ですが、その分、期待できるリターンも小さくなります。REITや国内株式は、比較的リスク・リターンの大きな商品です。投資信託は商品によってリスク・リターンが異なりますが、一般的に国内債券型がもっともリスクが小さく、海外株式型がもっともリスクの大きな商品です。

投資におけるリスクとリターン

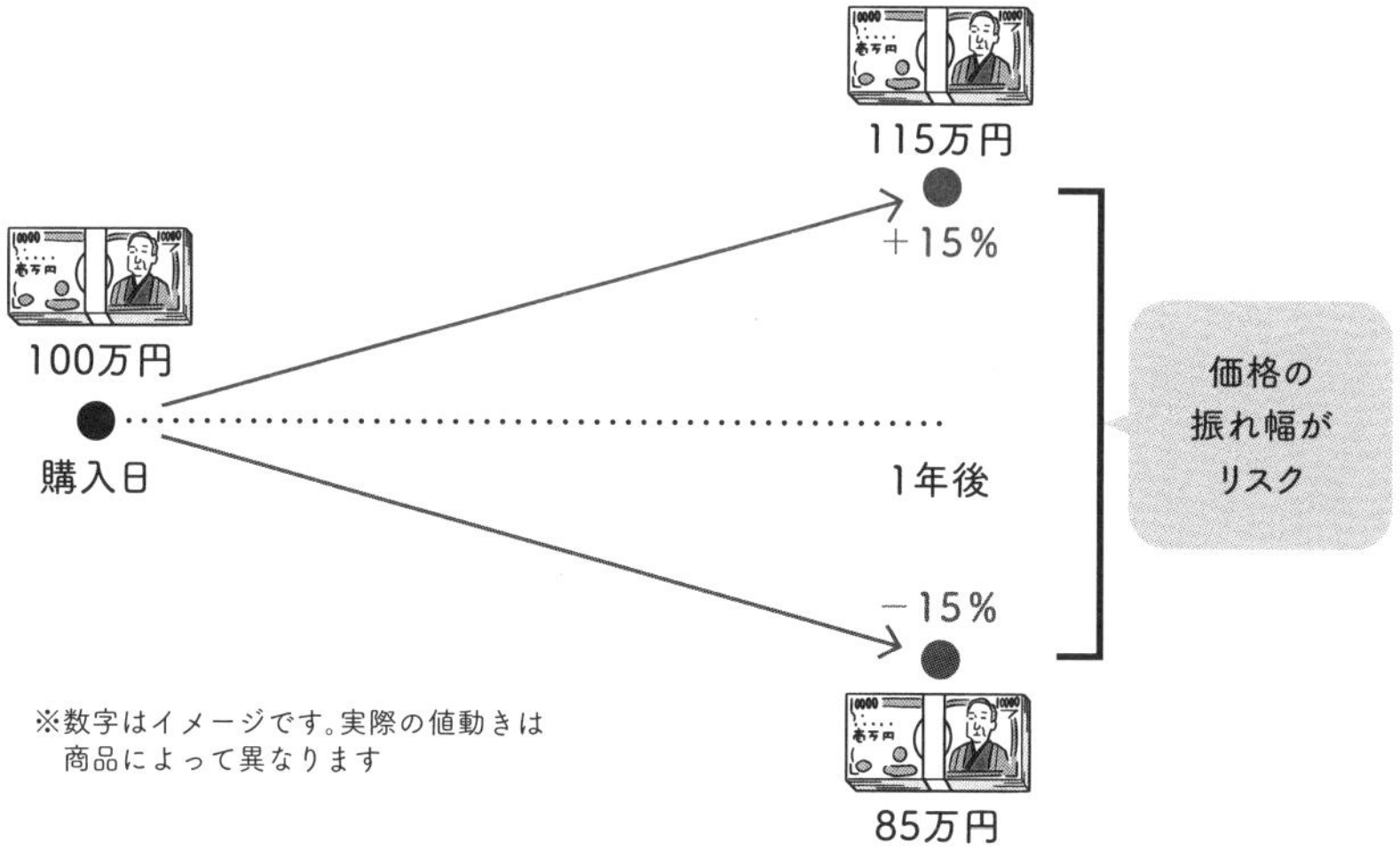

※数字はイメージです。実際の値動きは
商品によって異なります

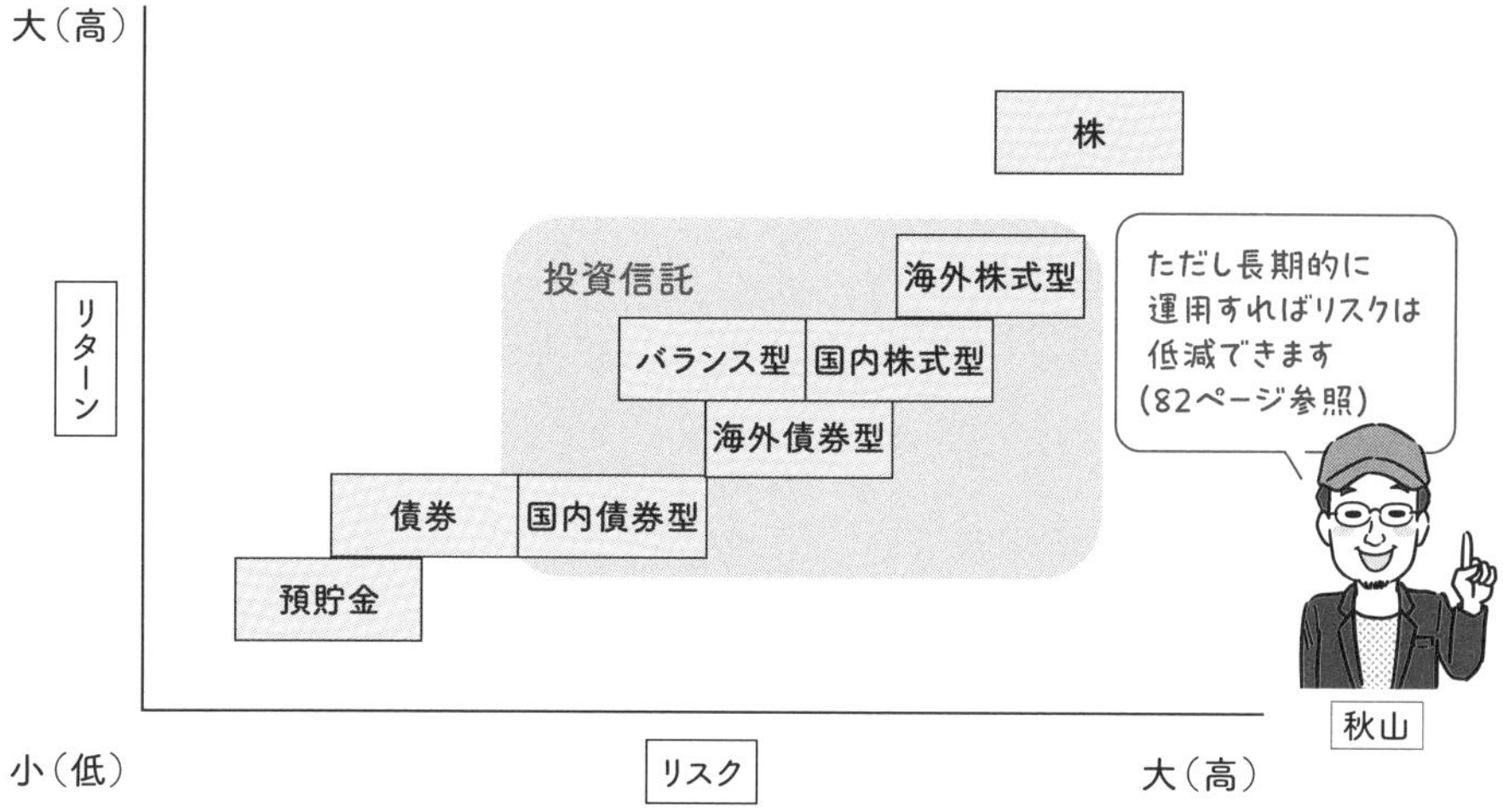

Point!

リターンが大きい分リスクも大きくなります。
15年以上の長期運用で安定した収益を狙いましょう

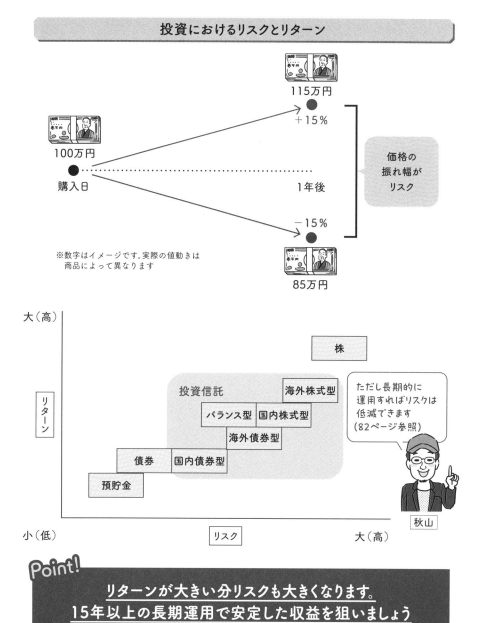

Q ETFと投資信託ってどう違うの？

A 株式市場に上場しており、リアルタイムで売買できる投資信託がETFです

投資信託とは、投資家から集めた資金を使い、ファンドマネージャーと呼ばれる専門家が株や債券などの複数の金融商品を組み合わせて運用する商品です。投資信託の価格は「基準価額」と呼ばれ、1日に1回、基準価額が定められます（92ページ参照）。また、購入・売却の注文を出してから注文が成立するまで数営業日かかる場合があります。

一方でETFは、Exchange Traded Fundの略称で、「上場投資信託」と訳されます。株のように取引所に上場しており、市場が開いている時間であればリアルタイムで売買することが可能です。価格（市場価格）は株のようにリアルタイムで変動し、注文が約定した時点での価格で行われます。

ETFは新しいNISAのつみたて投資枠、成長投資枠で購入できますが、購入できる商品は限られています。2023年9月時点で購入できるETFの銘柄は**つみたてNISAでは8本、成長投資枠では207本です。**

市場価格 投資家が株式市場で売買する際の価格。株式市場が開いてる間、リアルタイムで変化する（148ページ参照）

投資信託とETFの違い

	投資信託	ETF
上場の有無	非上場	上場
買い付け価格	基準価額 （1日に1回算定される）	市場価格 （株式市場の開場中は リアルタイムで変動する） （つみたて投資枠・ 成長投資枠どちらも）
信託報酬	0.05 ～ 2.0％ほど	投資信託より 低い傾向にある
分配金の有無	あり	あり
成長投資枠での購入	可能	可能
つみたて投資枠での購入	可能	可能 対象となる8本のみ

※2023年９月時点

高配当なETFで
投資したい！

個人投資家

市場に上場している
点が違います

秋山

Point!

ETFは株式市場に上場しており、
投資信託に比べて低い信託報酬で運用できます

店舗型証券とネット証券のメリットとデメリットは？

A ネット証券は手数料が安いが担当者が付かず自分で注文操作を行います

NISAを使っても、株式売買したときには手数料がかかります。また、投資信託の場合は売却時・運用中に手数料がかかります（94〜97ページ参照）。

ネット証券は、店舗を持たず、ネット上で口座開設から売買を行える証券会社ですが、店舗型に比べて手数料を安くすることができます。店舗型ではそれに人件費などがかかるため、ネット証券に比べて高く設定されています。

一方、店舗型のメリットは、ネット証券と比較して新規上場（IPO）の主幹事になることが多く（中堅以上の大手）、IPO銘柄が当たりやすい点です。また、担当者が付くため、投資の方針やおすすめの銘柄を知ることができますが、アドバイス通りに投資をしても成果を上げることは難しく、また人件費がかさむため、それが手数料に反映されます。**効率よく運用を行うためにも、投資初心者の人もネット証券を選択することをおすすめします**。

IPO いままで上場していなかった企業が、新規に株式を公開して上場すること。上場前に事前に抽選が行われ、当選した人がIPO銘柄を購入できる

ネット証券と店舗型の証券会社の比較

ネット証券

デメリットではありますが、
注文などの操作手順は
簡単なのでひとつずつ覚
えていきましょう
秋山

メリット　・比較的手数料が安い

デメリット　・注文などの操作をすべて自分で行う

・SBI証券　　・松井証券
・楽天証券　　・GMOクリック証券
・マネックス証券　　・auカブコム証券　　など

店舗型証券

IPO目的ならともかく店舗
型は手数料などの観点か
らおすすめできません
秋山

メリット　・IPOの主幹事になることが多く、IPO銘柄への投資で有利

デメリット　・手数料が比較的高い
・投資方針や銘柄を聞けるが、長期投資には向いていない手数料の高い商品を勧められやすい

・野村證券　　・大和証券
・SMBC日興証券　　・みずほ証券
・三菱UFJモルガンスタンレー証券　　など

Point!

ネット証券での口座開設・運用がおすすめです

主幹事　IPOを行うにあたって、サポートを中心的に行う証券会社のこと。IPO銘柄のうち多くの株数が主幹事の証券会社に割り当てられるため、当選確率が高くなる

Q どこの金融機関でNISA口座を開くのがよい？

A ネット証券ではSBI証券か楽天証券がおすすめです

ネット証券は店舗型に比べて手数料が安いためおすすめです（52ページ参照）。特にSBI証券と楽天証券の2つは人気があります。両者の手数料には大きな差がないため、普段使っているサービスに関連しているかどうかで検討しましょう。例えば、楽天銀行の口座を持っている人が楽天証券で投資信託を保有すると、**残高に応じてポイントを受け取れる「ハッピープログラム」という制度があります**（図参照）。楽天カードや楽天銀行を使用している人であれば、楽天証券がお得だといえます。

また、SBI証券、楽天証券はどちらもクレジットカードでの積立投資が可能です※。楽天証券では、楽天プレミアムカードを使って積み立てると投資額の1%の楽天ポイントを貯められ、SBI証券でも三井住友カードゴールド（NL）で積み立てることで1%のVポイントを付けられます。銀行でもNISA口座を開設できますが、取り扱う商品数が少ないため、あまりおすすめできません。

※NISAのみ。iDeCoではクレジットカードによる積立は不可

証券会社の選び方の方針

①手数料が安く、取り扱い商品が多いネット証券から選ぶ
②普段利用しているサービスに関連した制度がある証券会社を選ぶ

つみたてNISAにおける証券会社と銀行の取扱商品の違い

証券会社	商品数
SBI証券	208本
auカブコム証券	201本
松井証券	198本
楽天証券	194本
マネックス証券	178本

銀行	商品数
三菱UFJ銀行	16本
ゆうちょ銀行	12本
りそな銀行	11本
みずほ銀行	10本

※2023年９月時点

関連サービスで選ぶ：楽天銀行を利用している場合

ハッピープログラム
毎月末時点の投資信託の保有残高がはじめて既定の額に到達した場合にポイントを受け取れる制度。下記の表は受け取れるポイントの一例

基準残高	ポイント
はじめて10万円に到達したとき	10ポイント
はじめて20万円に到達したとき	20ポイント
はじめて30万円に到達したとき	30ポイント
…	…

出所：楽天証券より編集部作成

Point!

ネット証券のうち、
自分の利用しているサービスと関連したものを選びましょう

証券会社・金融機関

Q ポイントを使って投資できる？どのポイント制度がお得？

A ポイントをＮＩＳＡの投資に充てることは可能です

金融機関によっては、所定のポイントを使って投資に充てることができます。さらに、クレジットカードを投資信託の積立の決済に選択すると、カード経由のポイントを貯めることも可能です。例えば、ＳＢＩ証券はＴポイントやPontaポイント、Ｖポイントなどが利用でき、これらのなかからをひとつ設定することでポイント投資を使えるようになります。

ただし、**ポイントの種類によっては貯めるだけで投資に回せないものもあります**。ＳＢＩ証券においてポイント投資できるのはＴポイント※、Pontaポイント、Ｖポイントの３つです。ｄポイントとＪＡＬマイルは投資の決済によって貯めるのみとなります。また、楽天ポイントでは株式の個別銘柄や仮想通貨に投資することもできます。

金融機関やカードの種類、ランクによってポイントの還元率が異なります。利用しているカードがあれば確認しましょう。

※2024年春以降、Tポイントは Vポイントに統合される予定

証券会社・決済サービス別のポイント制度

証券会社	決済サービス	貯まるポイント	積立による還元率	投資金額	対象商品
SBI証券	三井住友カード	Vポイント	0.5％～5％	月100円～5万円	投資信託
	東急カード	東急ポイント	0.25％～3％	月100円～5万円	投資信託
マネックス証券	マネックスカード	マネックスポイント	1.1％	月100円～5万円	投資信託
楽天証券	楽天カード	楽天ポイント	0.5％～1％	月100円～5万円	投資信託
	楽天キャッシュ	楽天ポイント	1.5％	月100円～5万円	投資信託※
auカブコム証券	au PAYカード	Pontaポイント	1％	月100円～5万円	投資信託
tsukimi証券	エポスカード	エポスポイント	0.1％～0.5％	月100円～5万円	投資信託
大和コネクト証券	セゾンカード UCカード	永久不滅ポイント	0.1％～0.5％	月1000円～5万円	投資信託

※楽天カードクレジット決済５万円と楽天キャッシュ決済５万円で合計月10万円まで積み立て可能

SBI証券におけるカードの種類による還元率の違い

・三井住友カード プラチナプリファード	還元率５％
・三井住友カード プラチナ ・三井住友ビジネスプラチナカード for Owners	還元率２％
・三井住友カード ゴールド ・三井住友カード プライムゴールド ・その他のカード	還元率1％

Point!

同じ証券会社でも、
カードの種類によって還元率が変わることがあります

Q NISA口座を別の金融機関に変更できるの？

A 所定の手続きを行うことで、年に1回、金融機関を変更できます

別の金融機関にNISA口座を変更したい場合、現在口座を持っている金融機関で金融機関変更の手続きを行いましょう。手続きが受理されると「勘定廃止通知書」と「非課税口座廃止通知書」が届きます。その後、希望の金融機関で口座の開設を申請し、前述の2つの書類を送付すれば完了です。すべての手続きが終了するまで1カ月はかかります。

金融機関の変更は、**変更を希望する前年10月1日～変更を希望する年の9月30日までが期限です**。ただし、買い付けを行った年には金融機関の変更はできません。例えば、2023年まで証券会社AでNISA口座を持っており、2024年には証券会社Bに変更したい場合、2023年10月1日～2024年9月30日までに申請をする必要があります。さらに、2024年1月1日～9月30日の間に申請する場合は、2024年の買い付けを停止しないと金融機関の変更はできません。

NISA口座の金融機関変更の手順

STEP 1

現在口座を持っている金融機関での手続き

金融機関変更を申し込むと、「勘定廃止通知書」と「非課税口座廃止通知書」が届く

STEP 2

②新しい金融機関へ申し込みの資料を請求

新規にNISA口座を開設するときと同様、資料請求を行い、申込用紙に必要事項を記入して返送する。その際、「勘定廃止通知書」と「非課税口座廃止通知書」も必ず添付する

STEP 3

③金融機関の変更が完了

申し込みから1カ月ほどで変更が完了

申し込みの期限

	2023年		2024年	
	1～9月	10～12月	1～9月	10～12月
2023年に変更する場合	受付期間			
2024年分に変更する場合		受付期間	受付期間	
2025年分に変更する場合				受付期間

2024年の取引のために金融機関を変更したい場合、12月初旬までに申し込みを済ませる必要がある

Point!

金融機関の変更は申し込みから完了まで1カ月ほどかかります

Q 購入できる投資信託が金融機関ごとに違うのはなぜ？

A 投資信託を運用する会社と、販売を担当する金融機関で分けられているからです

すべての金融機関がすべての対象商品を取り扱っているわけではありません。**口座を開設する前に事前に取り扱い本数などを調べておかないと、希望の商品を購入できない可能性があります。**そもそも、投資信託は「投資信託運用会社」がつくり、それを証券会社や銀行などで販売しています。投資信託運用会社が商品を製造・出荷するメーカーだとすれば、証券会社や銀行といった金融機関はスーパーやコンビニのように商品を仕入れて販売する「販売会社」です。

投資信託運用会社がどこで販売を認めるか、また販売会社がどこから商品を仕入れるかといった事情が異なるため、取り扱う商品数が異なるのです。

Point!

販売会社の取扱商品は事前に確認しましょう

第2章

買うべき投資信託の選び方（つみたて投資枠）

つみたて投資枠は、投資信託・ETFへ毎月一定額を投資する「積立投資」に特化した制度です。しかし、実際に始めようとすると、どの商品を買えばいいか悩んでしまいます。そこで、投資信託やETFの種類、買うべき銘柄の特徴、情報の調べ方などを解説します。

毎月コツコツ
投資して
資産を形成
しましょう！

秋山 芳生

Q 分散投資を行うとどんなメリットがあるの？

A リスクを分散できるため安定的なリターンが望めます

「分散投資」とは、投資商品や業種、投資時期を複数に分けて投資する方法です。**ある投資先に何か起こっても、複数に資産を分散することで損害を回避できます**。

分散投資は、資産分散と時間分散に大別できます。資産分散では資産を複数の国や地域、通貨に分散させ、さらに異なる種類の商品を組み合わせて投資します。異なる値動きの資産を組み合わせることで価格変動のリスクを低減し、効果的に資産形成につなげることができます。

特に、投資信託はひとつの商品に複数の銘柄が組み込まれているので、資産分散の効果が期待できます。

時間分散では投資時期を複数に分けて継続的に投資し、購入時期を分散します。こうすることで、一時的な価格変動のリスクを平均化することができます。積立投資はその代表例です。**高いときも安いときも買い続けることができ、高値掴みのリスクを分散できる**ため、中長期的に安定した投資を継続することができます。

「資産分散」と「時間分散」でリスクを抑える

投資先を複数に分ける資産分散

投資先の資産を複数の種類に分けることで、ひとつの資産の価格が下がってもほかの資産の利益によって損失をカバーできる

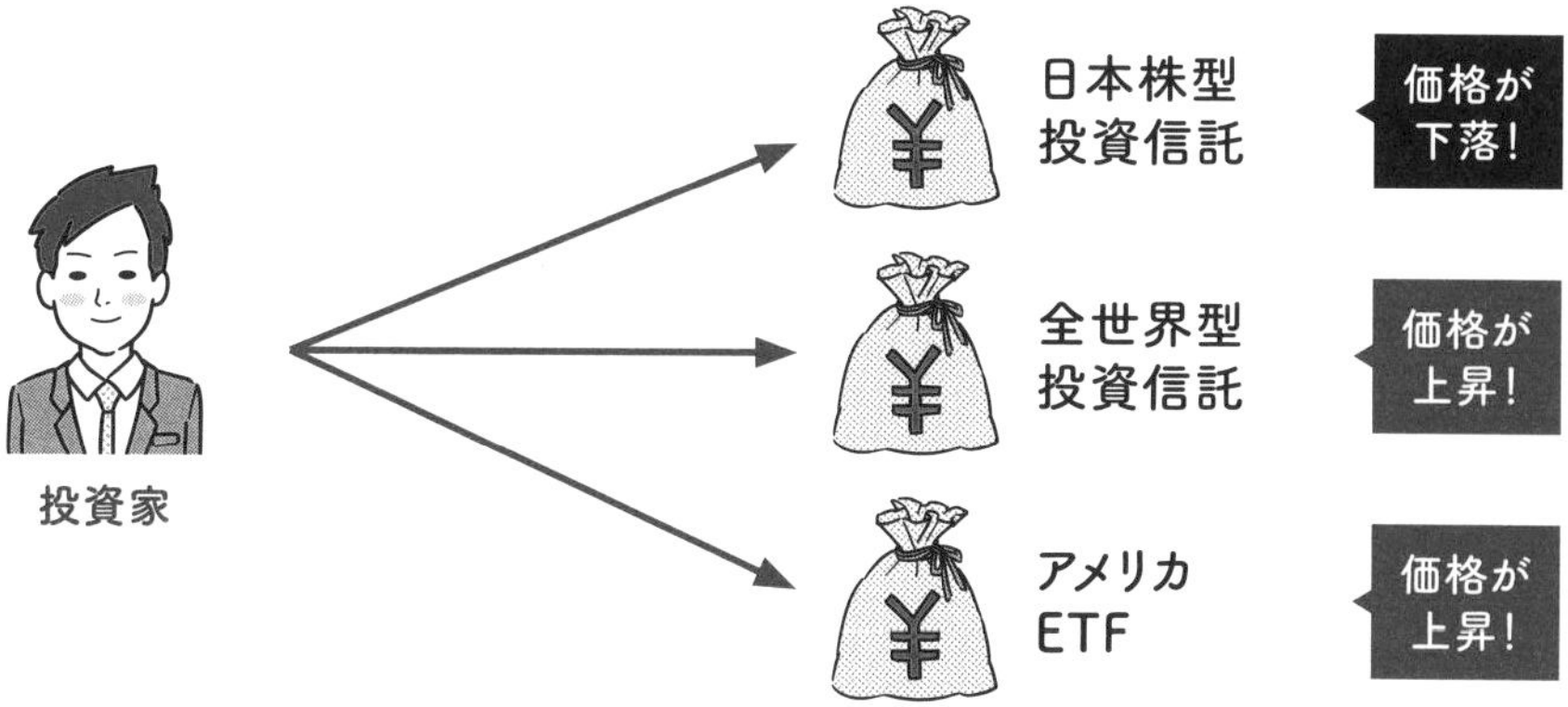

購入のタイミングを分ける時間分散

一定額で毎月積み立てることによって、高いときには少し、安いときにはたくさん買い、「高値掴み」を避けることができる

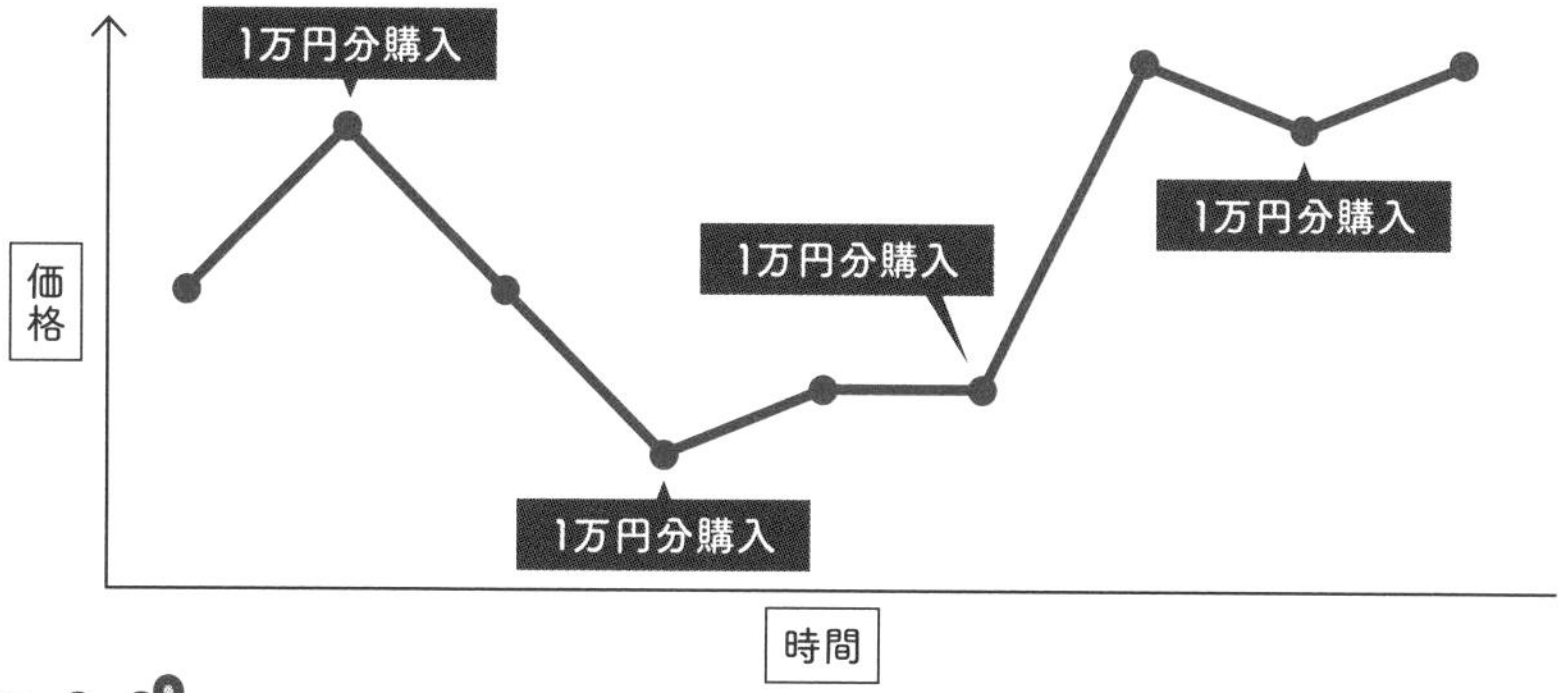

Point!

資産分散と時間分散は、どちらも長期投資を行ううえで必ず押さえておくべきポイントです

Q インデックスファンドとアクティブファンドの違いは何？

A 指標との連動を目指すか、指標よりいい成績を狙うかが違います

投資信託には、運用成果の目安となるベンチマークと呼ばれる指標があります。日本株式の場合、日経平均株価やTOPIXなどが代表例です。

インデックスファンドとは、この指標との連動を目指して運用する投資信託です。指標に沿って運用され、**低コストで市場の平均的なリターンが取れます。**

アクティブファンドとは、ファンドマネージャーによって指標より大きな収益を獲得することを目的に運用される投資信託です。インデックスファンドと比べると手間がかかるため比較的運用コストが高く、結果が出るまで内実を知ることが難しい点がデメリットです。

また、アクティブファンドは、どんなテーマで銘柄を構成しているかどれだけの手数料がかかるかといった個々の事情・状況が大きく異なります。**「何に投資しているか」を把握できない場合、購入は控えたほうがよいでしょう。**

インデックス（ベンチマーク） インデックスファンドで連動を目指される指標のこと。ベンチマークとも呼ばれる。日本株では日経平均株価やTOPIX、米国株ではS＆P500などが有名

インデックスファンドとアクティブファンドの違い

	インデックスファンド	アクティブファンド
運用方法	特定の指標との連動を目指して運用される	指標より高いパフォーマンスを目指して運用される
信託報酬	低い	高い
商品ごとの運用成績	・同じ指標との連動を目指した商品であれば運用成績に大きな差はない ・市場の平均的なリターンを得られる	・商品によって運用成績が大きく変わる

インデックスファンド

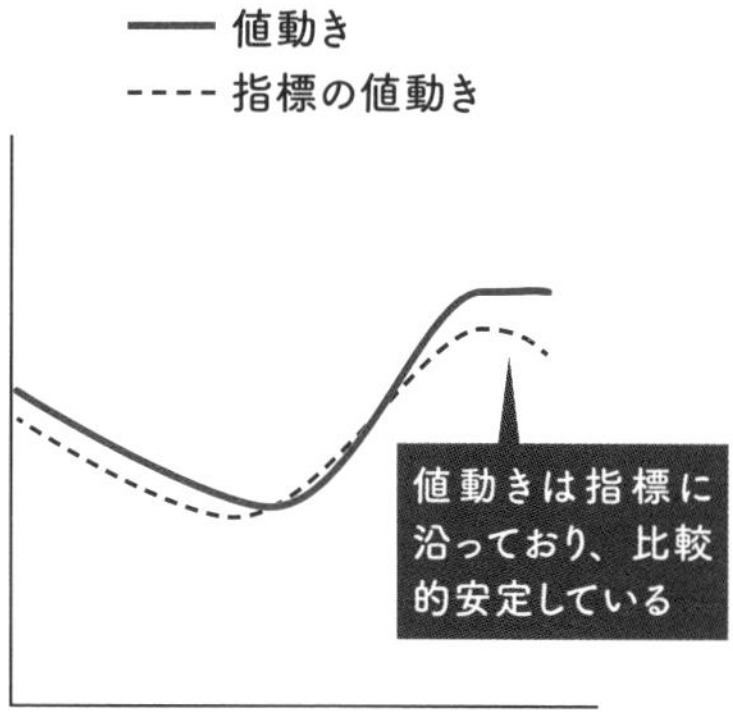

アクティブファンド

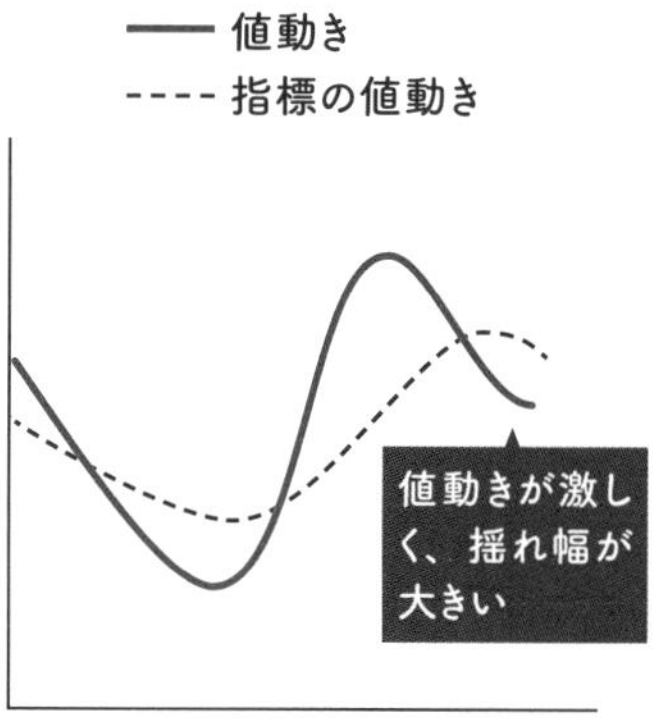

Point!

指標との連動を目指すのがインデックスファンド、指標よりよい成績を狙うのがアクティブファンドです

ファンドマネージャー　アクティブファンドの運用を行う専門家。商品ごとの運用方針に沿って、銘柄の入れ替え、組み入れ比率の調整などを行う

Q 投資信託はインデックスとアクティブ、どちらを選ぶべき？

A 日本の大型株ファンドのうち約81％が指標の成績を下回っているためアクティブファンドはおすすめできません

インデックスファンドは、低コストでおおむね指標に沿ったリターンが望めます。長期的な資産形成を行う際にはインデックスファンドがおすすめです。

アクティブファンドは指標よりも大きな利益を狙うことを目的に運用されていますが、**10年以上の長期投資で見ると、インデックスファンドのほうが有利になるケースが多いです**。左図の表は、株価指数などの指標を提供する企業であるS&Pダウ・ジョーンズ・インデックスのレポート「SPIVA®日本スコアカード（2022年）」で示された、「指標を下回る成績となったアクティブファンドの数」です。10年スパンで見ると、**日本の大型株ファンドのうち約81％が指標の成績を下回っています**。

また、信託報酬にも大きな差があります。インデックスファンドの信託報酬はおおよそ0・1％～0・5％ですが、アクティブファンドでは1％を超えるものがほとんどで、長期的に見ると非常に大きな差額となります。

アクティブファンドの2つのデメリット

成績：指標のパフォーマンスを下回ったアクティブファンドの割合

投資信託の種類	比較する指標	5年	10年
日本株（大型株）	S＆P／ TOPIX 150指数	90.40％	81.94％
日本株（中小型株）	S＆P日本中小型株指数	47.00％	52.10％
日本株（全種類）	S＆P日本500指数	81.64％	72.96％
米国株	S＆P500	94.66％	90.63％
グローバル株式	S＆Pグローバル 1200指数	82.09％	94.63％
グローバル株式（日本を除く）	S＆Pグローバル（日本を除く）1200指数	95.59％	96.23％
新興国株式	S＆PエマージングBMI指数	91.11％	100.00％

出所：S＆Pダウ・ジョーンズ・インデックス「SPIVA®日本スコアカード（2022年）」より編集部作成

秋山

アクティブファンドは長期運用には向いていないといえます

memo

中小型の日本株を除き8割以上のファンドが指標を下回る成績となった

コスト：信託報酬の差による運用益の違い

毎月3万円の積立を30年間行い、5.1％の複利で運用できた場合※

●信託報酬0.1％のインデックスファンド
最終的な利益は
2496万7759円（元本1080万円＋運用益）

●信託報酬1.5％のアクティブファンド
最終的な利益は
1939万9225円（元本1080万円＋運用益）

信託報酬で500万円以上の差

Point!

15年、20年以上の投資を前提とするつみたて投資枠では、インデックスファンドを選択する

※信託報酬が0.1％の場合、5.1％－0.1％＝5.0％　信託報酬が1.5％の場合、5.1％－1.5％＝3.6％

Q インデックスファンドの対象になる指標の種類は？

A 株式指数である日経平均やＳ＆Ｐ５００だけでなく、債券やＲＥＩＴの指標もベンチマークとなります

インデックスファンドの対象となる指標は多岐にわたりますが、まずは代表的なものを抑えておきましょう。

最も代表的な日本株の指数は「日経平均株価」です。東証プライム市場に上場されている銘柄のうち、流動性の高い２２５社の株価を選定し、その株価をベースに算出されたもので、日本の代表的な企業の株価を反映した指数といえます。もうひとつの代表的な指標は「ＴＯＰＩＸ」で、こちらは東京証券取引所に上場するすべての銘柄が対象となった指標です。

米国株の場合、アメリカの代表的な５００銘柄で構成された「Ｓ＆Ｐ５００」、業種別で優良な約30社で構成された「ダウ平均株価」、ナスダック市場に上場した全銘柄で構成された「ナスダック総合指数」などがあります。

また、債券やＲＥＩＴにも指標があります。左図に代表的な指標をまとめたので、どんな銘柄が組み込まれているかなどを日ごろから調べると、投資対象への理解がより深まります。

代表的な指標の種類

日本株

日経平均株価

東証プライム市場に上場する銘柄のち、流動性の高い225銘柄から構成される。日本の代表的な企業の株価動向を把握できる指標として知られる。

TOPIX

東証に上場するすべての銘柄を対象とした指標。東証全体の株価動向を示す。時価総額の大きい銘柄の影響を受けやすい。

米国株

S＆P500

アメリカの上場銘柄のうち、流動性の高い約500銘柄から構成される。アメリカの株式市場のうち約80％の時価総額を占めており、アメリカの株式動向を示す。

ダウ平均株価

「NYダウ」とも呼ばれる。各業種の優良な30銘柄から構成される。特に、成長性があり、知名度の高い企業が選ばれている。製造業、金融などの銘柄が多い。

ナスダック総合指数

アメリカの株式市場のうち、ナスダック市場に上場するすべての銘柄から構成される。また、ナスダック市場に上場する100銘柄に絞った「ナスダック100指数」もある。

債券

FTSE世界国債インデックス

アメリカ、日本、フランスなど、主要国20カ国以上の国債市場の動向を示す。省略して「WGBI」とも呼ばれる。

REIT

東証REIT指数

東証に上場するすべてのREIT銘柄を対象とした指標。日本のREITの価格動向を示す。

Point!

インデックスファンドに投資する際、指標を把握することで「自分が何に投資しているか」を把握できます

Q バランス型投資信託だけ買っても本当に分散できるの？

A 運用者によって、一定の割合になるよう常に調整されるので、十分分散されます

バランス型投資信託とは、一種類の資産に偏ることなく、複数の市場や資産へ投資する投資信託です。国内株式、国内債券、外国株式、外国債券の4つを均等に組み入れる「4資産」や、先進国や新興国の債券、株式など8つの資産を均等に組み入れた「8資産」が代表的です。リバランスはファンドマネージャーが行うため、購入した人が調整する必要はありません。

人の手間がかかるため従来はコストが割高でしたが、最近では手数料の安い商品も登場しています。**資産減少を抑えたい人で使う時期が決まっている人や、10年以上の運用期間がある場合は購入してもよいでしょう。**例えば、60歳の人が資産を形成する、というケースなどが該当します。ただし、積極的に利益を狙いたい人には、債券が組み入れられた商品はおすすめできない（82ページ参照）ため、株式型の商品などを選んだほうがよいでしょう。**20〜30代の人が長期間、積極的に利益を取りたい場合はおすすめできません。**

バランス型投資信託の代表的な資産構成と購入に向いている人

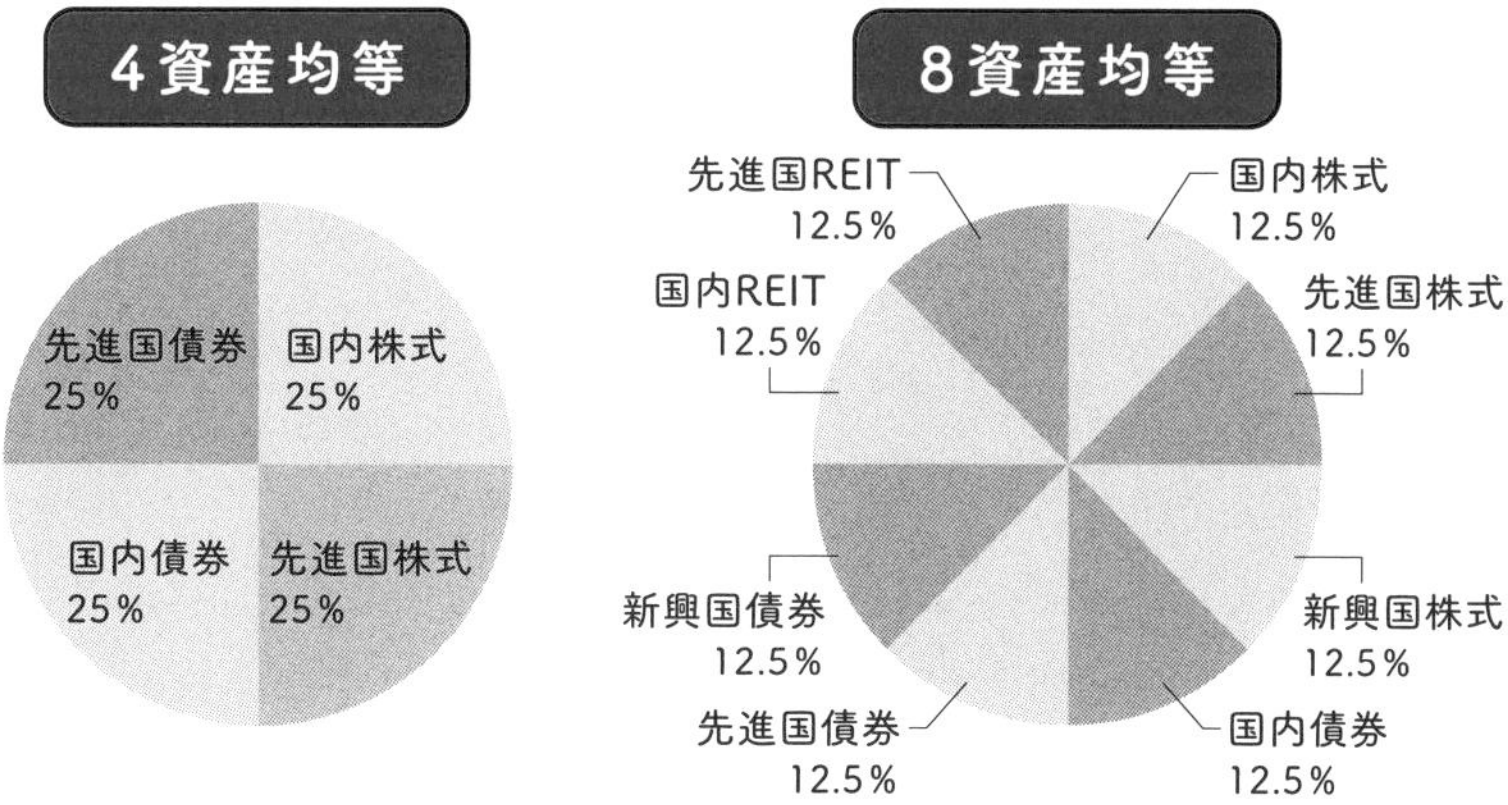

バランス型投資信託に向いている人

・資産を使う時期が決まっており、かつ10年以上運用できる人
・一時的な資産の減少に耐えられない人

↓

手数料の安いバランス型

「eMaxis Slim 8資産均等」は信託報酬が0.143％とかなり割安でお得

バランス型投資信託に向いていない人

・積極的に利益を狙いたい人
（この場合は株式型の投資信託などを選択する）

Q

投資信託の「日本型」「米国型」「新興国型」「オルカン」って何？

A

構成銘柄を示した投資信託の種類です

これらは投資信託の投資対象となる区分です。「日本型」は名の通り国内株式や国内投資信託を構成主体にして取り扱っています。「米国型」も同じようにアメリカの株式や投資信託を取り扱っています。

「新興国型」は経済システムや社会インフラに懸念がある一方で、先進国と比較して経済成長が期待できるのが魅力的な国の区分です。MSCIの市場区分によると中国やインドなど24カ国が新興国としてリストアップされています。

新興国型への投資の際にはその国の代表的な指標を参考にしましょう。

「オルカン」はインデックスファンドの全世界株式「オール・カントリー」の略称であり、**これ1本だけで全世界の株式に投資していることが特徴です**。オルカン経由でAppleやAmazonといった世界的企業に投資することができます。信託報酬も低く、0・05%〜0・1%ほどとなっています。

MSCI（モルガン・スタンレー・キャピタル・インターナショナル）　算出・公表する指数の総称であり、先進国、新興国、フロンティア市場など合わせて70カ国あるいは地域の株式市場をカバーしている

投資信託の国・地域別構成比率

新興国型の例

順位	国名	構成比率
1	中国	32.0％
2	台湾	18.4％
3	インド	18.1％
4	ブラジル	6.6％
5	サウジアラビア	4.5％
6	南アフリカ	3.4％
7	メキシコ	3.1％
8	タイ	2.6％
9	インドネシア	2.3％
10	マレーシア	1.7％

出所：楽天・新興国株式インデックス・ファンド　月次レポート（2023年７月分）

楽天・新興国株式インデックス・ファンドの場合

アジアを中心に、南アメリカ、中東、アフリカなどへ投資。先進国に比べてリスクはあるが、今後の成長に期待できる

商品にもよりますが中国の影響が大きいため、注意が必要です

秋山

全世界型（オルカン）の例

順位	国名	構成比率
1	アメリカ	59.7％
2	日本	5.5％
3	イギリス	3.5％
4	フランス	2.9％
5	カナダ	2.7％
6	スイス	2.4％
7	ドイツ	2.0％
8	ケイマン諸島	1.8％
9	オーストラリア	1.7％
10	台湾	1.5％

出所：eMAXIS Slim全世界株式（オール・カントリー）月次レポート

eMAXIS Slim全世界株式（オール・カントリー）の場合

アメリカや日本、イギリスといった先進国の割合は多いが、11位以降にはインドやブラジルといった新興国も入っている

全世界の経済成長の恩恵を受けられるといえるでしょう

秋山

Point!

投資対象が商品名に書かれています。購入商品を決める際の参考にしましょう

Q NISAで買えない投資信託があるがなぜ買えない？

A 長期的な資産運用に向かない商品を金融庁が除いているためです

新しいNISAやつみたてNISAでは、金融庁が厳選した、手数料が低水準な、長期・積立・分散投資に適した商品が対象商品です。**投資商品が限られていることで、初心者でも安心して商品を選べるようになっています**。

新しいNISAのつみたて投資枠における対象商品は、つみたてNISAと同じラインナップであり、長期の積立・分散投資に適した投資信託が選ばれています。

また、一般NISAではすべての上場株式、投資信託などを売買できましたが、**新しいNISAの成長投資枠では高レバレッジ型といったハイリスク・ハイリターンな商品が売買できないようになりました**。

そのほか、長期投資に向かない毎月分配型も除かれています。毎月配当金を受け取れる「毎月分配型」の投資信託は一見よい商品に見えますが、運用利益が出ない月には元本を取り崩して分配金として投資家に渡すため、元本が減少し、複利効果が得られません。

複利効果 運用で得た利益を再投資して、元本に組み込むことで利益が雪だるま式に増えていく効果

現行NISA・新しいNISAの対象商品の基準

つみたてNISA・新しいNISAのつみたて投資枠の対象商品

●販売手数料がゼロ（ノーロード）であること

●分配頻度が毎月ではないこと

●信託報酬が一定の水準以下であること

国内株のインデックスファンド：0.5％以下

海外株のインデックスファンド：0.75％以下　　など

➡手数料が低水準な、長期・積立・分散投資に適した商品

金融庁が
厳選しています
秋山

成長投資枠の対象商品

●上場廃止基準に該当する銘柄（監理銘柄）や、その恐れがある銘柄（整理銘柄）を除く

●信託期間20年未満の投資信託を除く

●高レバレッジ型および毎月分配型の投資信託を除く

高レバレッジ型

連動を目指す指標の値動きのプラス○倍となるよう計算された投資信託。価格が下落した際に、ダメージが大きくなるためリスクが高い

毎月分配型

¥

毎月分配金を受け取れる投資信託。複利効果を得られなくなるうえに、運用益が出ていない月は元本の一部が分配金として取り崩される

Point!

NISAで購入できる商品は長期投資を前提に選ばれています

Q 投資信託の構成銘柄はどこでわかるの？

A 「運用報告書（全体版）」や「交付目論見書」で確認できます

購入した投資信託にどんな銘柄が組み込まれており、どのように運用され、結果がどうなったかは、投資判断に必要な情報がまとめられた「交付目論見書」や、運用会社の決算期ごとに作成される「運用報告書（全体版）」で確認することができます。

左図のうち上段は、「eMAXIS Slim米国株式」の運用報告書（全体版）の一部です。ここでは、この投資信託に組み入れられている銘柄について、口数や評価額、比率などの情報が12ページにわたって記載されています。

一方、左図下段の交付目論見書には**大きく組み込まれた（＝組み入れ比率の大きい）上位10銘柄が記載されています**。記載されている銘柄数は商品によって異なりますが、メインとなる銘柄だけを絞って確認したい場合はこちらで十分でしょう。

これらの資料は、**運用会社のホームページから閲覧可能です**。

投資信託における構成銘柄の確認

運用報告書における構成銘柄の記載

全銘柄の情報が掲載されている

外国投資信託証券

銘柄	期首（前期末）	当期末			
	口数	口数	評価額		比率
			外貨建金額	邦貨換算金額	
（アメリカ）	千口	千口	千アメリカドル	千円	%
HEALTHPEAK PROPERTIES INC	165	237	5,832	794,796	0.0
ALEXANDRIA REAL ESTATE EQUIT	45	61	9,370	1,276,945	0.1
PROLOGIS INC	234	388	47,164	6,427,090	0.3
CAMDEN PROPERTY TRUST	34	44	5,168	704,256	0.0
DIGITAL REALTY TRUST INC	87	122	12,866	1,753,254	0.1
ESSEX PROPERTY TRUST INC	19	27	6,259	852,973	0.0
EXTRA SPACE STORAGE INC	41	55	8,951	1,219,842	0.1
FEDERAL REALTY INVS TRUST	22	28	3,049	415,589	0.0
WELLTOWER INC	145	203	15,218	2,073,859	0.1
BOSTON PROPERTIES INC	43	59	3,993	544,234	0.0
MID-AMERICA APARTMENT COMM	35	46	7,700	1,049,298	0.1

出所：eMAXIS Slim米国株式（S & P 500）「運用報告書（全体版）」

交付目論見書における構成銘柄の記載

■主要な資産の状況

組入上位銘柄	業種	国・地域	比率
1 APPLE INC	テクノロジー・ハードウェアおよび機器	アメリカ	7.0%
2 MICROSOFT CORP	ソフトウェア・サービス	アメリカ	6.4%
3 AMAZON.COM INC	一般消費財・サービス流通・小売り	アメリカ	2.7%
4 NVIDIA CORP	半導体・半導体製造装置	アメリカ	1.9%
5 ALPHABET INC-CL A	メディア・娯楽	アメリカ	1.8%
6 BERKSHIRE HATHAWAY INC-CL B	金融サービス	アメリカ	1.6%
7 ALPHABET INC-CL C	メディア・娯楽	アメリカ	1.6%
8 META PLATFORMS INC-CLASS A	メディア・娯楽	アメリカ	1.5%
9 EXXON MOBIL CORP	エネルギー	アメリカ	1.4%
10 UNITEDHEALTH GROUP INC	ヘルスケア機器・サービス	アメリカ	1.3%

その他資産の状況	比率
株価指数先物取引　（買建）	3.4%

•各比率はファンドの純資産総額に対する投資比率（小数点第二位四捨五入）
•外国株式の業種は、GICS（世界産業分類基準）によるもの。Global Industry
業種分類です。GICSに関する知的財産所有権はMSCI Inc.およびS&Pに帰属
•「国・地域」は原則、発行通貨ベースで分類しています。（ただし、発行通貨がユー

組み入れ比率の大きい上位10銘柄の情報が記載されている

出所：eMAXIS Slim米国株式（S & P 500）「交付目論見書」

Point!

基本的には交付目論見書で
主要な銘柄を確認するだけで十分です

Q 「交付目論見書」「請求目論見書」はどちらを見ればいいの？

A 投資家への交付が義務付けられた交付目論見書から確認しましょう

「交付目論見書」とは、購入前や購入時に投資家に対して交付が義務付けられているもので、運用方針、運用実績などがまとめられています。一方で「請求目論見書」は、交付目論見書の情報に加え、投資信託の沿革や運用会社の情報、経理状況といった詳細な情報を記載したものです。**購入前に確認すべき点は交付目論見書にまとめられています。ポイントは①投資対象、②人気、③手数料の3点です。**

①投資対象は「インデックス型かアクティブ型か」「投資対象地域は国内か海外か」「対象インデックスは何か」といった項目です。そもそも何に投資しているのかを把握しなければリスクを回避できません。②人気は、「純資産総額」「基準価額（92ページ参照）」でわかります。純資産総額は増加し、最低でも100億円はあること。基準価額は1万円以上のものを選びましょう※。③手数料は、「信託財産保留額」「信託報酬」などを見て、候補となる投資信託のなかでより安いものを選びましょう。

信託財産保留額　投資信託を解約する際に、基準価額に対して何％分か、解約代金から差し引かれる費用のこと。投資信託によって金額は異なる。また、差し引かれない投資信託もある

交付目論見書の3つの注目ポイント

①投資対象

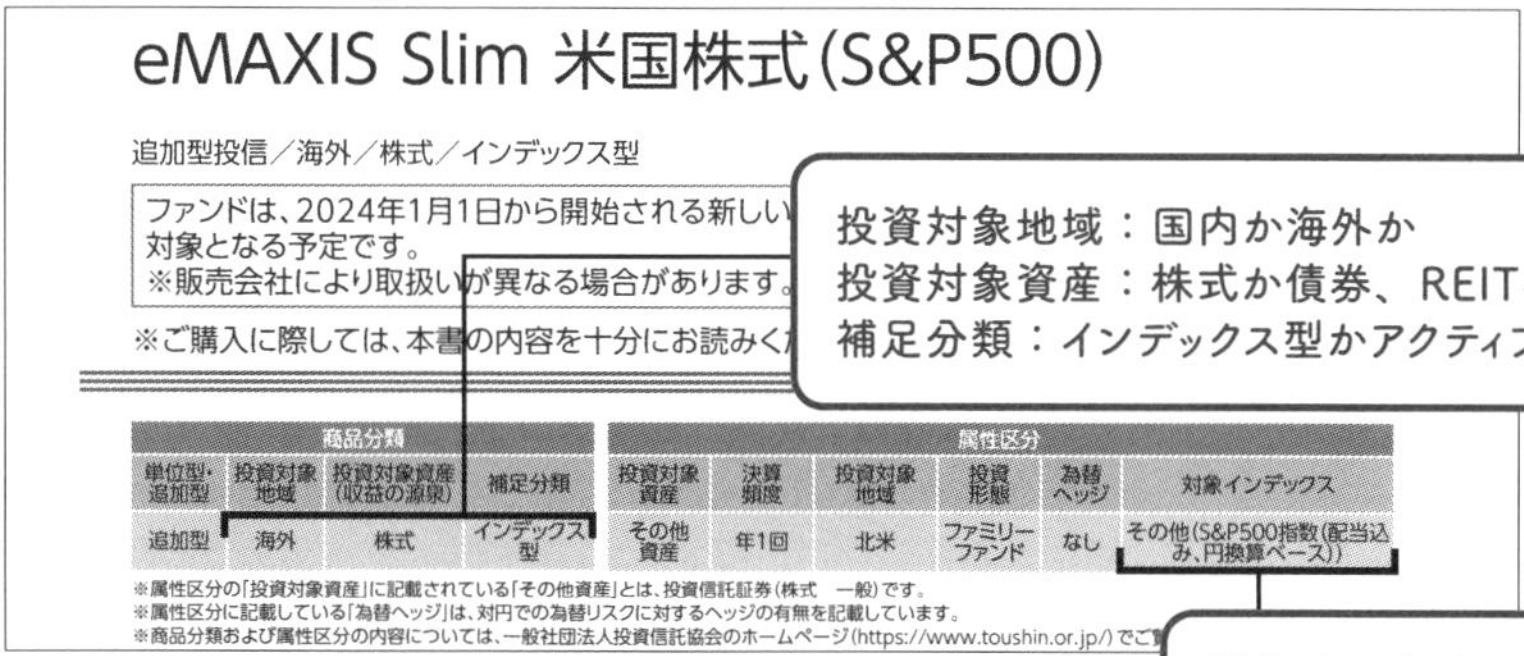

eMAXIS Slim 米国株式(S&P500)

追加型投信／海外／株式／インデックス型

ファンドは、2024年1月1日から開始される新しい
対象となる予定です。
※販売会社により取扱いが異なる場合があります。

※ご購入に際しては、本書の内容を十分にお読みく

商品分類				属性区分					
単位型・追加型	投資対象地域	投資対象資産(収益の源泉)	補足分類	投資対象資産	決算頻度	投資対象地域	投資形態	為替ヘッジ	対象インデックス
追加型	海外	株式	インデックス型	その他資産	年1回	北米	ファミリーファンド	なし	その他(S&P500指数(配当込み、円換算ベース))

※属性区分の「投資対象資産」に記載されている「その他資産」とは、投資信託証券(株式　一般)です。
※属性区分に記載している「為替ヘッジ」は、対円での為替リスクに対するヘッジの有無を記載しています。
※商品分類および属性区分の内容については、一般社団法人投資信託協会のホームページ(https://www.toushin.or.jp/)でご

投資対象地域：国内か海外か
投資対象資産：株式か債券、REITなどか
補足分類：インデックス型かアクティブ型か

対象インデックスが何か

②人気（純資産総額、基準価額）

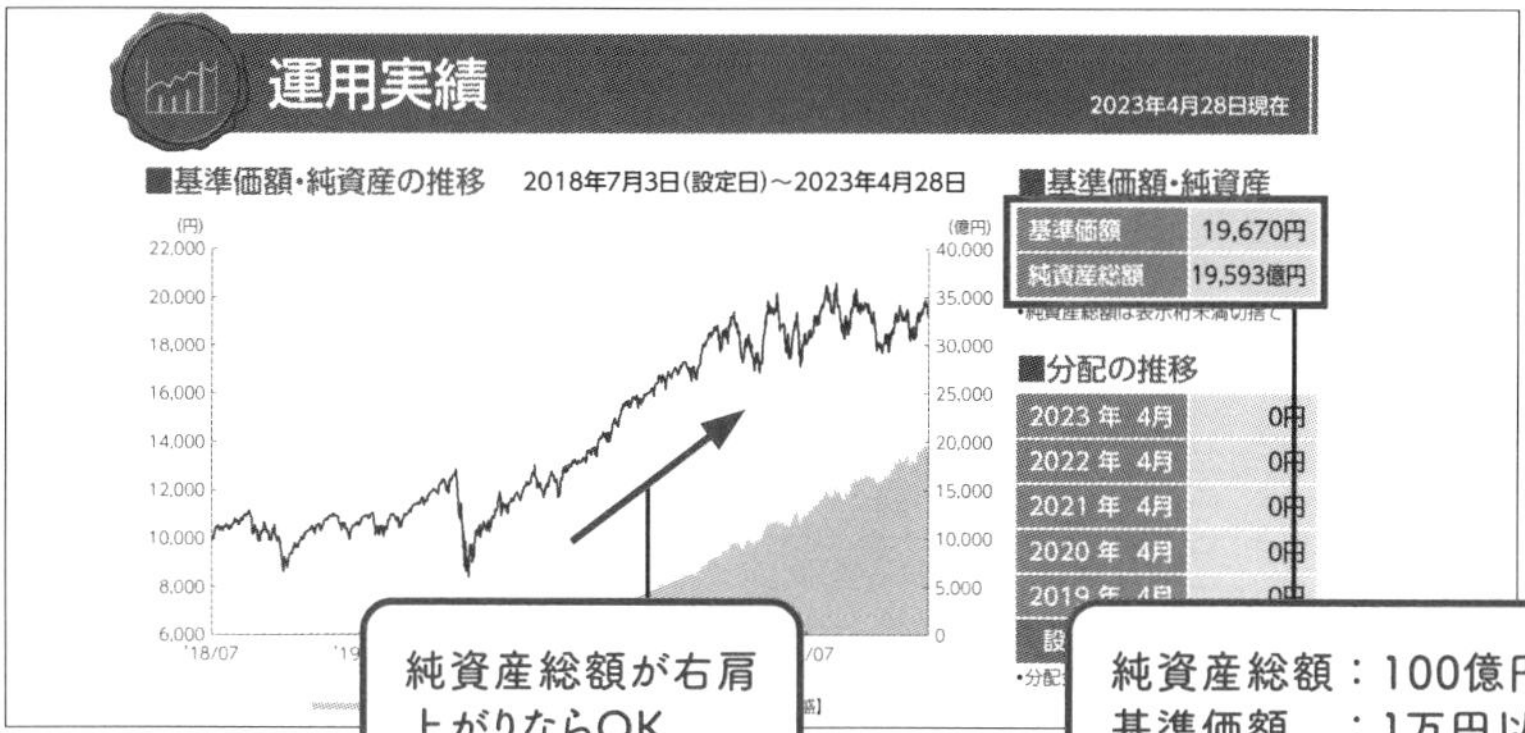

純資産総額が右肩上がりならOK

純資産総額：100億円以上
基準価額　：1万円以上※

③手数料

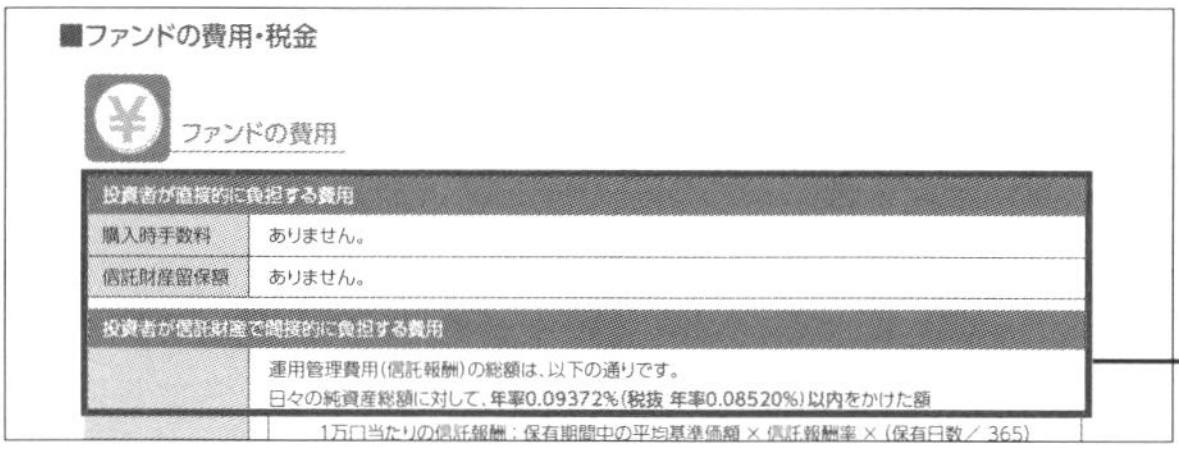

■ファンドの費用・税金

ファンドの費用

投資者が直接的に負担する費用	
購入時手数料	ありません。
信託財産留保額	ありません。
投資者が信託財産で間接的に負担する費用	
	運用管理費用(信託報酬)の総額は、以下の通りです。 日々の純資産総額に対して、年率0.09372%(税抜 年率0.08520%)以内をかけた額 1万口当たりの信託報酬：保有期間中の平均基準価額 × 信託報酬率 × (保有日数／365)

「ファンドの費用・税金」の欄に手数料が記載されている

出所：eMAXIS Slim米国株式（S & P 500）「交付目論見書」

※投資信託では「1万口あたり1万円」から運用を開始している

Q 「リターン(年率)」って何年分を見たらいいの?

A インデックスファンドの場合、商品ごとのリターンではなく指標のリターンを15年分以上見ましょう

年率リターンとは、対象期間のうち投資金額に対してどれほどの収益があったのかを示すものです。また、分配金や値上がり益、費用面の収支を合わせて対象期間にどれほどの値動きがあったのかを示したものが、トータルリターンと呼ばれています。

66ページではインデックスファンドがおすすめだと解説しましたが、**インデックスファンドを選ぶ際は商品ごとのリターンではなく「指標のリターン」を15年分は確認するべきです。**左図のように、投資の情報を掲載したウェブサイト上では、日経平均株価といった指標のパフォーマンスを確認できます。

もちろん、指標の成績と乖離することもありますが、商品ごとのリターンだけに注目していると、販売されて間もない商品の成績を判断できなくなってしまいます。手数料の安い、新しいインデックスファンドが多く発売されるなかで、**販売実績が豊富な古い商品ばかりに注目すると、いい商品を逃しかねません。**

商品ごとの年利ではなく「指標の年利」を確認する

設立から日の浅い投資信託は年利を見れない

2023年7月31日 現在

基準価額※	10,368 円

※分配金控除後

純資産総額	1.8百万円

●信託設定日　2023年7月10日
●信託期間　無期限
●決算日　原則 6月3日
（同日が休業日の場合は翌営業日）
初回決算日　2024年6月3日

騰落率		
期間	ファンド	インデックス
1ヵ月	−	−
3ヵ月	−	−
6ヵ月	−	−
1年	−	−
3年	−	−

分配金（1万口当たり、課税前）の推移	
−	−
−	−
−	−
−	−
−	−

騰落率の各計算期間は、作成基準日から過去に遡った期間としております。

設定来	3.7%	3.7%

設定来累計	0 円

設定来＝2023年7月10日以降

インデックスはMSCI ACWI（配当込み、円換算ベース）とします。

出所：「はじめてのNISA・全世界株式インデックス（オール・カントリー）」2023年7月月次レポート

2023年7月から運用を開始した「はじめてのNISA・全世界株式インデックス（オール・カントリー）」の年利

実績は少なくても、コストの安いよい商品もあります

秋山

指標の成績を確認する

過去パフォーマンス実績

データ日：　2023年7月末時点
リターン　：　配当込み
通　貨　：　円ベース（当サイトにて独自に円換算）　→換算前のデータを見る

	累積			年率平均						
	年初来	3か月	6か月	1年	3年	5年	10年	15年	20年	30年
リターン（%）	+28.8	+15.1	+20.8	+22.2	+22.9	+14.3	+13.5	+9.6		
リスク（%）	8	5.2	6.7	16.1	16.1	18.3	16.3	19.5		
シャープレシオ	3.6	2.9	3.1	1.4	1.4	0.8	0.8	0.5		
100円 投資	129	115	121	122	186	196	354	396		

いくらになる？　（もし、このインデックスに投資していたら）

100 万円が、過去 ▼期間を選ぶ の運用で・・　　万円に

マイインデックス（https://myindex.jp/）で公開されている指標の成績

「はじめてのNISA・全世界株式インデックス（オール・カントリー）」の指標「MSCI ACWI」の成績。15年で＋9.6％のリターンだとわかる

投資信託の成績の出し方

①トップページから「株価指数（インデックス）」をクリック。その後、カテゴリー欄から該当するファンドや指標を選択する
②トップページにある検索窓から指標を入力する
（円建てであれば、円ベースを見る）

Point!

正しくリターンを判断できるよう、連動を目指す指標の、15年以上のリターンを確認しましょう

Q 債券の投資信託は利回りが低いけど買うメリットは?

A 値動きが小さいため安心はできますが運用益も少ないためメリットはありません

債券型の投資信託は比較的値動きやゆるやかなため、リスクを避けるために購入を検討している人がいるかもしれませんが、**そもそもつみたてNISAでは債券を中心とした投資信託は対象商品に入っていません**。また、新しいNISAのつみたて投資枠でも同じラインナップになるため、購入することはできない可能性が高いです。

成長投資枠で購入できたとしても、値動きが小さいためおすすめはできません。

経済学者ジェレミー・シーゲルが2009年に出版したベストセラー『株式投資』によると、株は保有して1年目であれば約40%の低減リスクがありますが、10年を超えるとそのリスクは約4%にまで減少し、17年目以降はリスクがゼロになると示しています。仮に途中で暴落が起きたとしても、それまでに積み上げた利益が膨らんでいるため元本を割らないためです。

このことから、将来の資産形成には債券よりも株への投資のほうが向いています。

長期投資では債券より株式のパフォーマンスがよい

債権型投資信託の扱い

つみたてNISA つみたて投資枠	→	購入できない
一般NISA 成長投資枠	→	購入できるが 利回りが低い

秋山

ジェレミー・シーゲルの研究（アメリカの経済学者）

著書『株式投資の未来』『株式投資』を発表。過去200年の値動きを研究し、株の値動きが大きく上がったことから**「株は17年以上保有することで暴落が起きても実質ベースで損失を被ることはない」**とまとめた。

	1801年		2003年
株	1ドル	→	59万7485ドル
長期国債	1ドル	→	1072ドル

出所：『株式投資の未来』『株式投資』を元に編集部が作成

株は長期的に見ると大きく成長しており、17年以上保有すると実質ベースで損失が出ないと結論づけた

Point!

債券のみの投資信託より、
株のみの投資信託を長期間保有しているほうがよい

長期国債	償還までの期間が5年超10年未満の債券。一般的には償還期間が10年の債権を指すことが多い

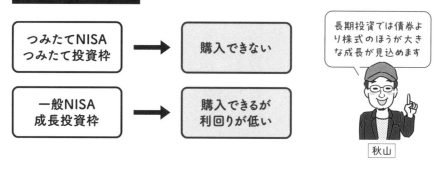

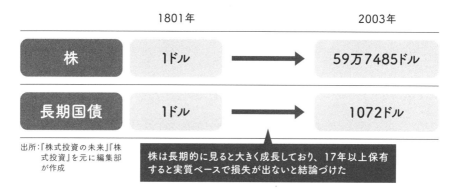

Q 商品名に書かれている「ノーロード」って何？

A 購入時に手数料がかからない投資信託です

通常、投資信託を購入する際には購入時手数料が取られます。この手数料は「ロード」と呼ばれ、**販売手数料のない商品を「ノーロード」と呼ばれます**。

ノーロードはあくまで「購入手数料がない」ことを示すだけです。ノーロードであっても信託報酬といったほかのコストが高く設定されているケースもあるため、「ノーロードだから安心」と考えるのは禁物です。

通常の投資信託と同様、運用方針や実績、投資対象と併せて、**トータルコストの確認を怠らないようにしましょう**。

また、つみたて投資枠やつみたてNISAの対象商品は「ノーロードであること」が条件になっています。

成長投資枠で購入する場合も、ノーロードの商品は購入のハードルが低いので、前述の運用成績やトータルコストといった条件をクリアした商品です。投資初心者は購入を検討してみるのもよいかもしれません。

投資にかかる手数料

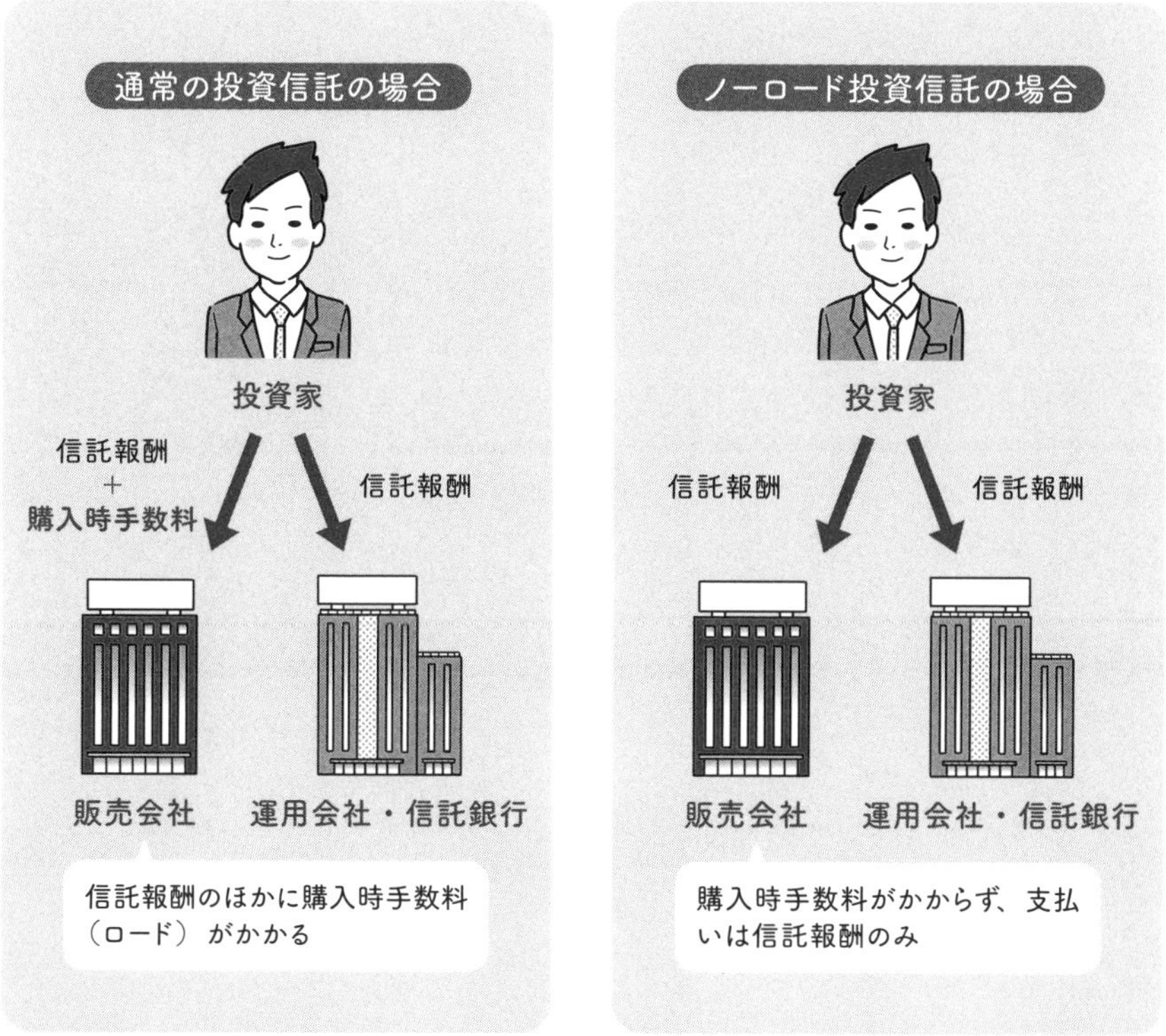

※投資家が払った信託報酬は、販売会社と運用会社、信託銀行の３社で分割される

さらに知りたい

「ノーロード＝安心」？

購入手数料がない代わりに信託報酬が高く設定されているケースもあるため、ノーロード＝安心と考えるのは禁物。トータルコストをしっかり確認しよう

Point!

運用成績やトータルコストを確認した上でノーロードの購入を検討しましょう

信託銀行　投資信託の販売によって投資者から集めた資産を保管・管理する

Q 為替ヘッジって何？ありを選んだほうがいいの？

A 為替リスクを回避する仕組みのことですが、コストが高いことが多くおすすめはできません

外国株式や投資信託を購入した際、為替の影響によって運用成績が目減りする可能性があります。例えば、100ドル分の利益が出たとしても、1ドル＝120円の場合は日本円で1万2000円ですが、1ドル＝80円になれば利益は日本円で8000円になります。為替ヘッジとは、こうした為替変動による影響を抑え、円価値の振れ幅を小さくする仕組みです。

ただし、為替ヘッジには費用（為替ヘッジ・コスト）がかかります。**一般的に、為替ヘッジのコストは、投資先の金利が高いほど高くなるとされています**。加えて、為替ヘッジありの商品は手間がかかる分、信託報酬が高く設定されていることが多いため、ヘッジの利点が感じられず為替ヘッジありの商品はおすすめできません。

海外の金融商品に投資するなら、為替リスクを承知のうえで、それでも高い成長が見込めるものを選びましょう。そのためには、**為替レートや世界経済の動向（人口増加・生産性の向上）を観察し、投資先を考えましょう**。

為替リスクを軽減させる「為替ヘッジ」のシステム

海外株式の値動きの要因

■為替ヘッジをしない場合　　■為替ヘッジをする場合

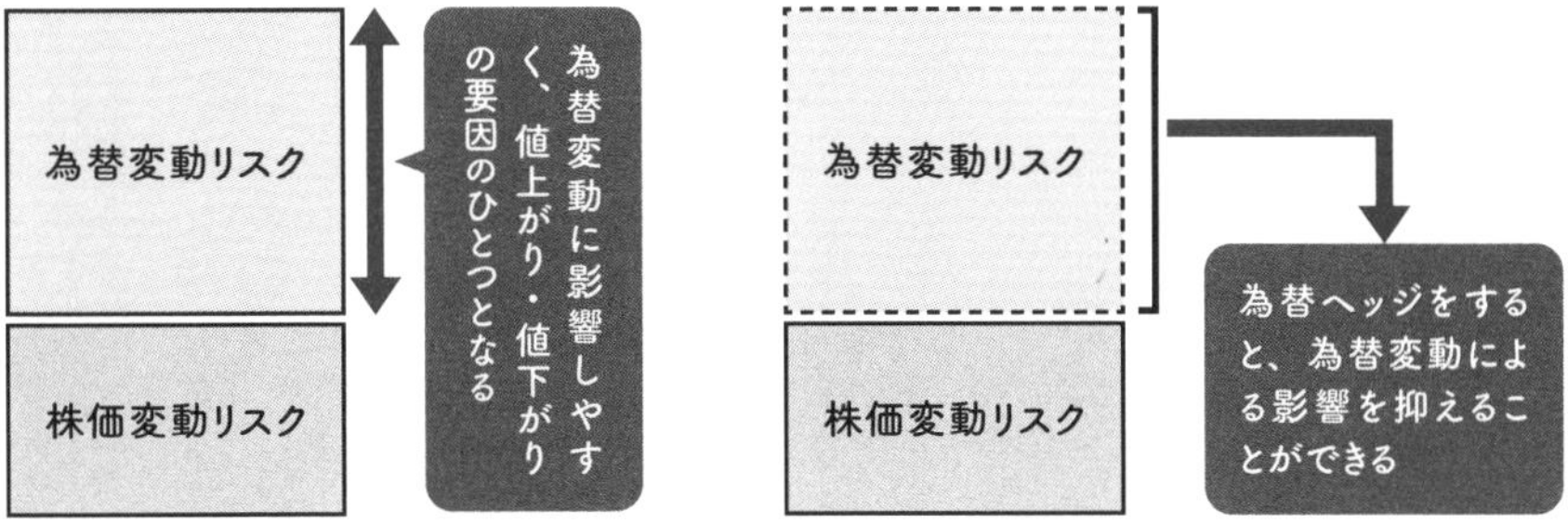

為替ヘッジ・コストのイメージ

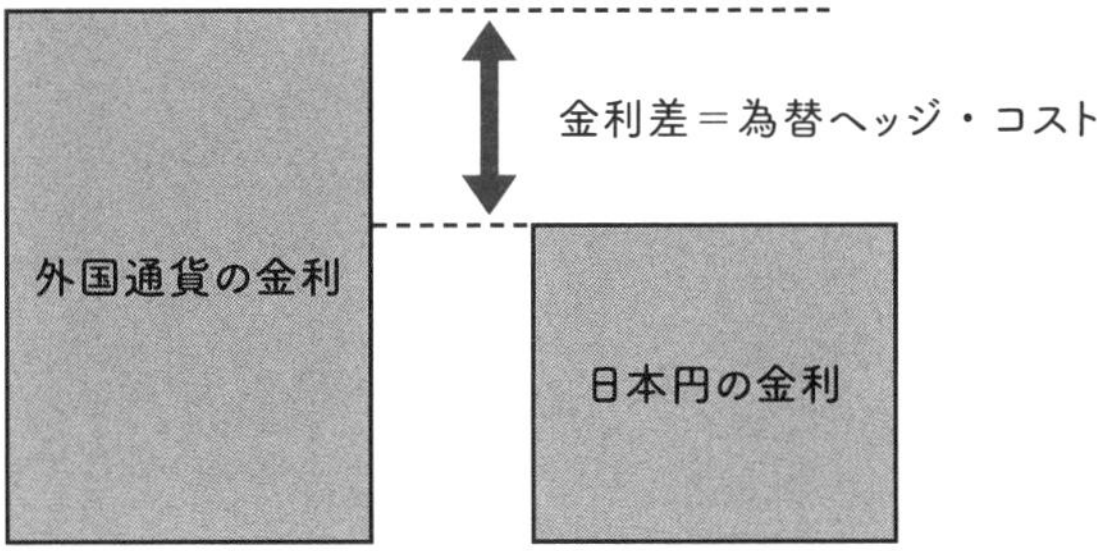

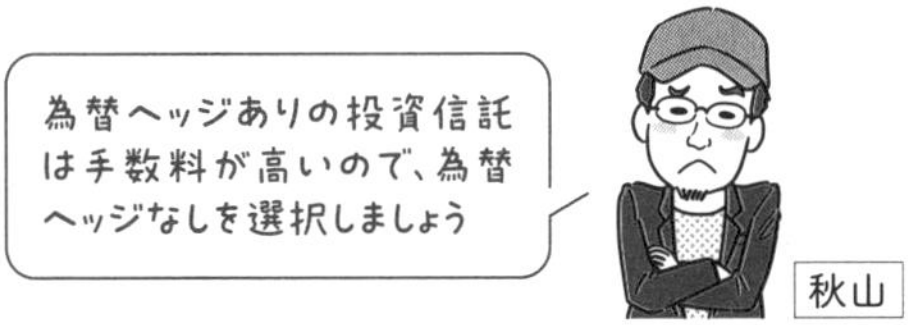

Point!

海外の金融商品に投資する場合は
為替レートや世界経済の動向に注目することが大切です

Q 長期投資での投資信託はどういう視点で選んだらいいの？

A 「人口×生産性」が高くGDPが増加している国・地域を選択しましょう

20年、30年の期間をかけて投資でお金を増やすには、経済が20年、30年と成長し続け、株や投資信託の価値が上がり続ける必要があります。経済が成長しているか否かはGDPで確認できます。毎年、世界の経済動向の分析を行うIMF（国際通貨基金）は、各国のGDPや世界全体のGDPを算出・発表していますが、IMFは全世界のGDPは将来的にも上昇すると予測しています。その理由は、「人口の増加」と「生産性の上昇」です。GDPはこの2つが掛け合わさって増加するのですが、世界全体で見ると人口は上昇傾向にあり、かつテクノロジーの発展により年々新しい技術が生まれ、生産性が上昇しています。

投資先の国・地域を選ぶ際は、こうしたGDPの成長（＝経済の成長）を見込める国に投資をする必要があります。特に、**アメリカは全世界の約24％のGDPを担っており**、人口ピラミッドは高齢者より若年層が多いため人口の上昇を見込むことができます。

GDP

「Gross Domestic Product」の略で、「国内総生産」のこと。その国の経済活動状況を示す数値で、GDPの推移＝経済成長の推移と考えることができる

IMFの世界のGDP予測

GDPは「人口の増加」と「生産性の上昇」がカギ

➡ 人口：世界全体では上昇傾向
生産性：テクノロジーの発展によって年々上昇

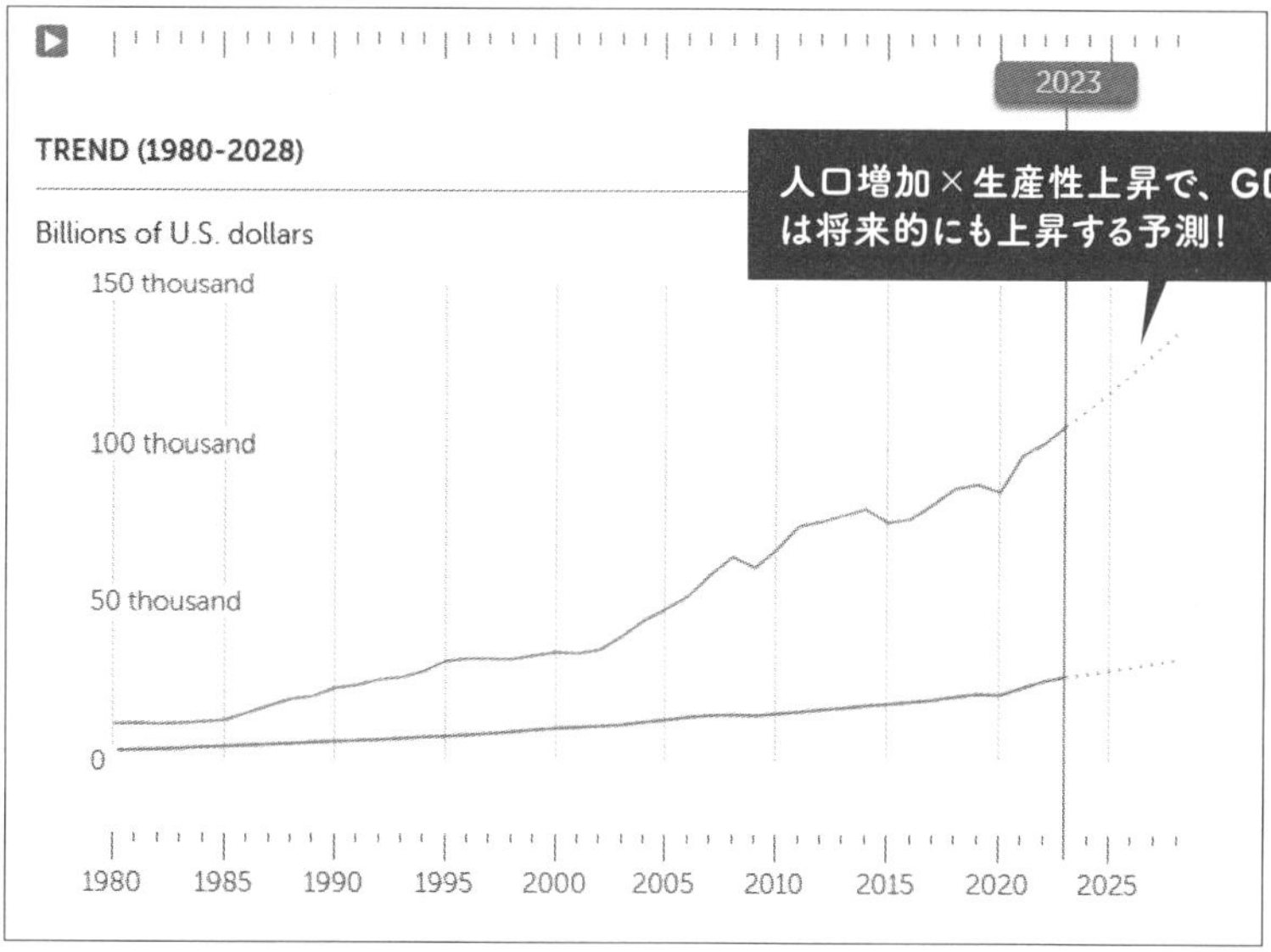

※IMFのトップページの最後にある「世界経済見通し」をクリック。「国内総生産」欄にある「GDP、現在の物価」を選択し、チャートに切り替える　出所：IMF

さらに知りたい

暴落しても大丈夫？

長期投資は10～15年単位で見るものであり、暴落したとしても、それだけ時間があれば経済が底上げされるため、暴落は怖くない

暴落しても新しい技術は生まれます。成長を信じられれば暴落は怖くありません！

秋山

Point!

経済成長に期待できる国や地域を選ぶために、GDPに注目してみましょう

IMF
「International Monetary Fund」の略で、「国際通貨基金」のこと。為替相場や国際金融の安定化を目的として設立され、経済動向の監視や金融支援などを行う機関

Q 買うべきおすすめの投資信託を知りたい

A 成長を続けるアメリカの資産を組み入れた投資信託がおすすめです

88ページでも解説した通り、アメリカは長期的に成長を続けています。

数年単位で見るとコロナショックのような経済の停滞が発生する可能性もありますが、今後10年、20年のスパンで見ると右肩上がりになる期待ができます。

そのため、**投資信託を選ぶ際も、アメリカの株式で構成された「eMAXIS Slim米国株式（S&P500）」がおすすめです**。eMAXIS Slimシリーズはいずれも手数料が安く、余計なコストを抑えることができます。

もうひとつのおすすめは、同じシリーズの商品である「eMAXIS Slim全世界株式（オール・カントリー）」です。**先進国、新興国など全世界の国や地域を対象としたインデックスファンドで、投資先を全世界に分散できます**。

78ページにおいて、「純資産総額は100億円以上で右肩上がり」「基準価額は1万円以上」という基準を示しましたが、どちらの投資信託もこれらの基準をクリアしています。

注目したいアメリカ株式の投資信託

eMAXIS Slim米国株式（S&P500）

特徴

- S&P500指数（配当込み、円換算ベース）を指標としたインデックスファンド
- 指標に採用されているアメリカの株式に投資する

販売会社	SBI証券、マネックス証券、三十三銀行など
運用会社	三菱UFJ国際投信
純資産総額	2兆5792億円
基準価額	2万2722円
信託報酬	年率0.09372％以内

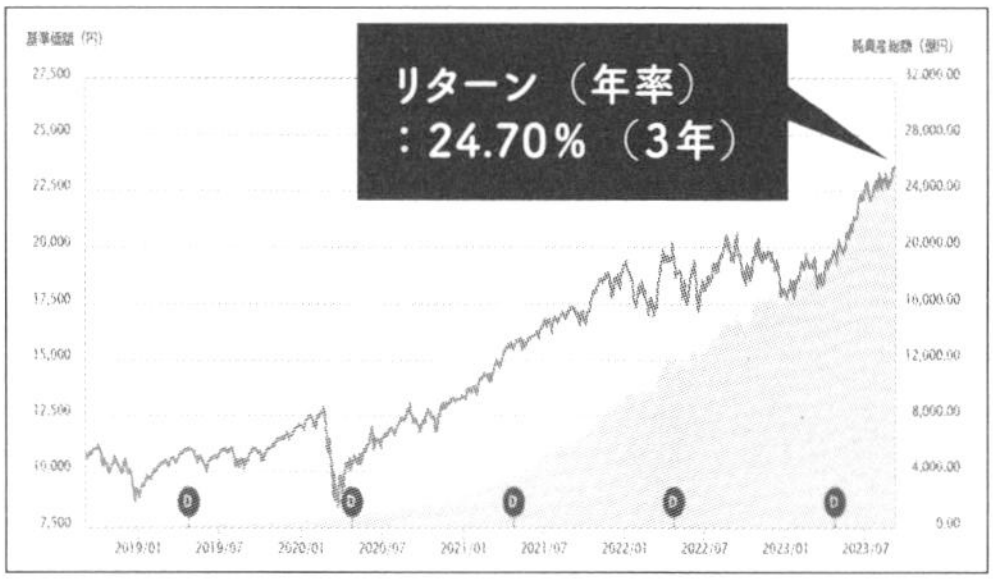

※2023年9月27日時点

出所：三菱UFJ国際投信

eMAXIS Slim全世界株式（オール・カントリー）

特徴

- MSCIオール・カントリー・ワールド・インデックス（配当込み、円換算ベース）を指標としたインデックスファンド
- 指標に採用されている日本を含む先進国および新興国の株式などに投資する

販売会社	SBI証券、マネックス証券、静岡銀行など
運用会社	三菱UFJ国際投信
純資産総額	1兆4521億円
基準価額	1万9668円
信託報酬	年率0.05775％以内

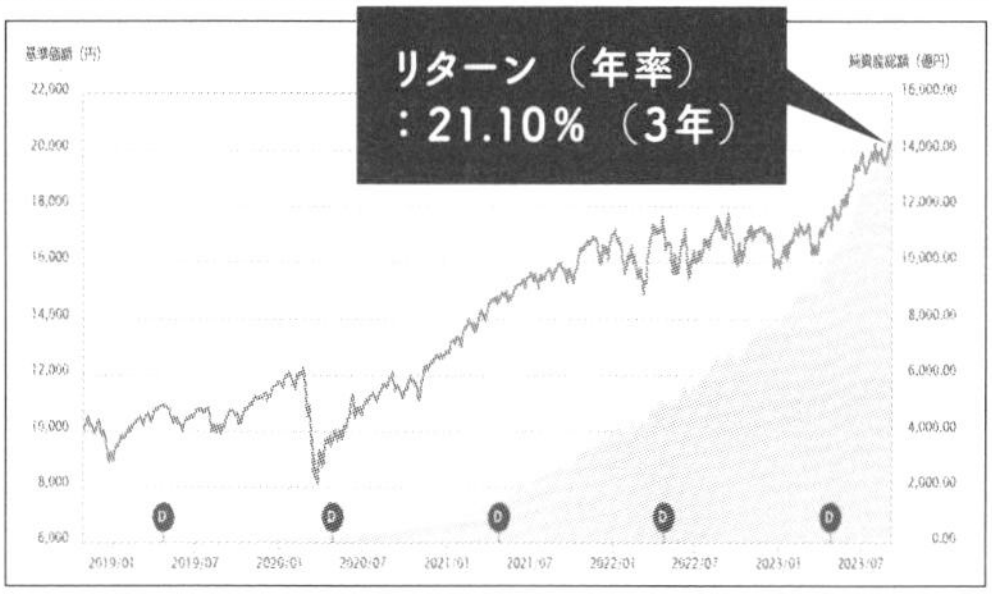

※2023年9月27日時点

出所：三菱UFJ国際投信

Point!

長期的に成長している米国株で構成されているかに着目して投資信託を選びましょう

Q 投資信託の基準価額って何？株価とは違うの？

A 基準価額は投資信託の値段を口数りで示したものであり、株価とは違います

投資信託の単価を「基準価額」と呼びます。投資信託が保有している純資産総額を購入口数で割って算出され、1万口当たりの金額で表示されます。

投資信託ではこの基準価額をもとにして、投資家が購入・換金を行います。リアルタイムで価格が変動する株価とは違い、**基準価額は1日に1回の価格が公表され、売買が行われます。**基準価額はその日の売買の申し込みが締め切られる前に公表されることはなく、投資家は前日の基準価額を参照して当日の取引を行うことになります（ブラインド方式）。

どの投資信託も1万口1万円から始まり、その後の運用成績がよければ基準価額が増加します。分売金ありの投資信託の場合、分配金は信託財産から支払われるため純資産総額が減り、基準価額も下落します。長期投資では分配金があれば再投資して複利効果を得るのが大原則です。極力分配金の支払いがなく、基準価額が下落していないものを選ぶとよいでしょう。

信託財産　投資信託が保有している資産のこと。信託銀行に預けられていて、ほかの資産とは分けて管理されている（分別管理）。運用会社からの指示で売買される

投資信託の基準価額の算出イメージ

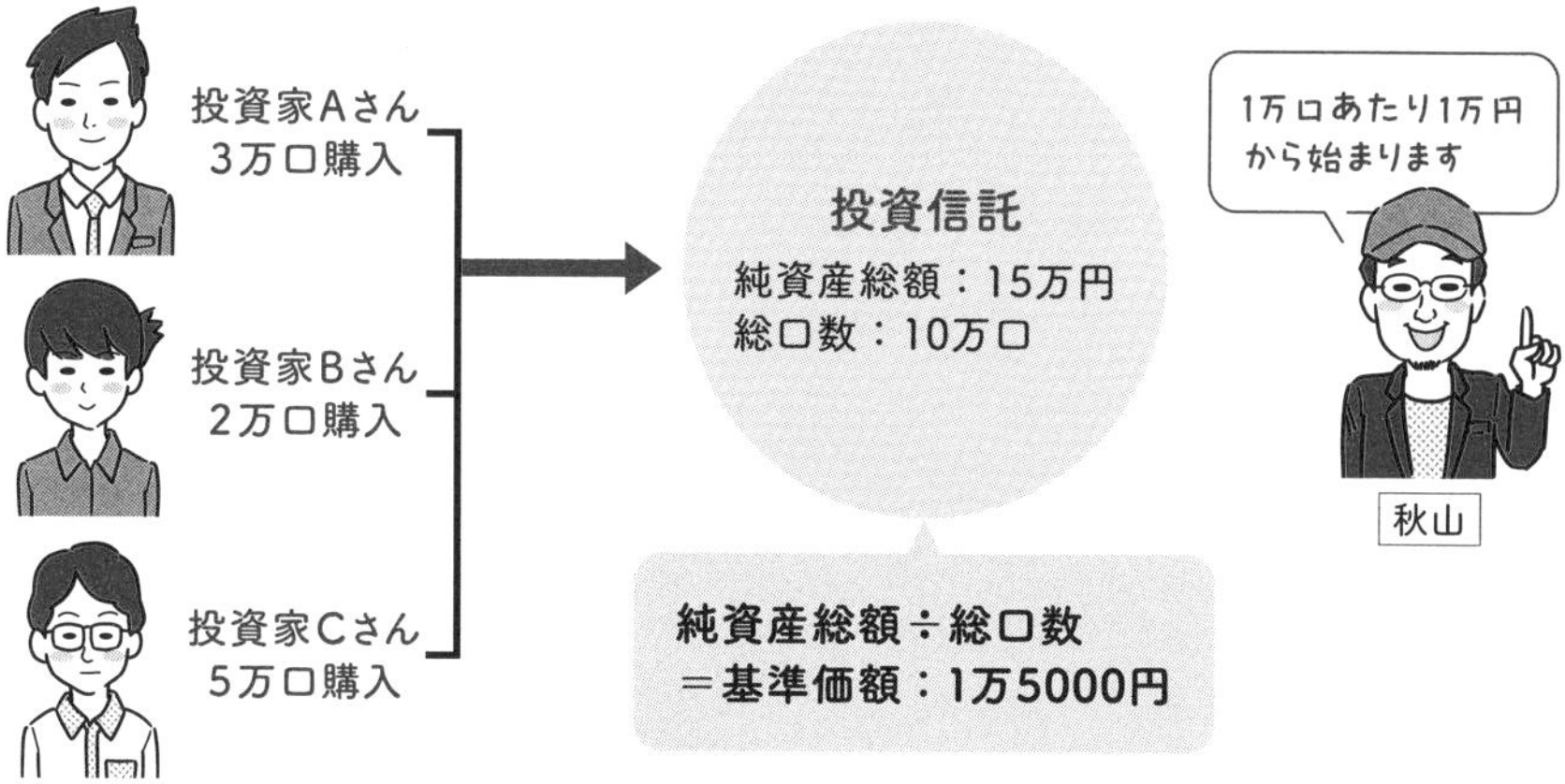

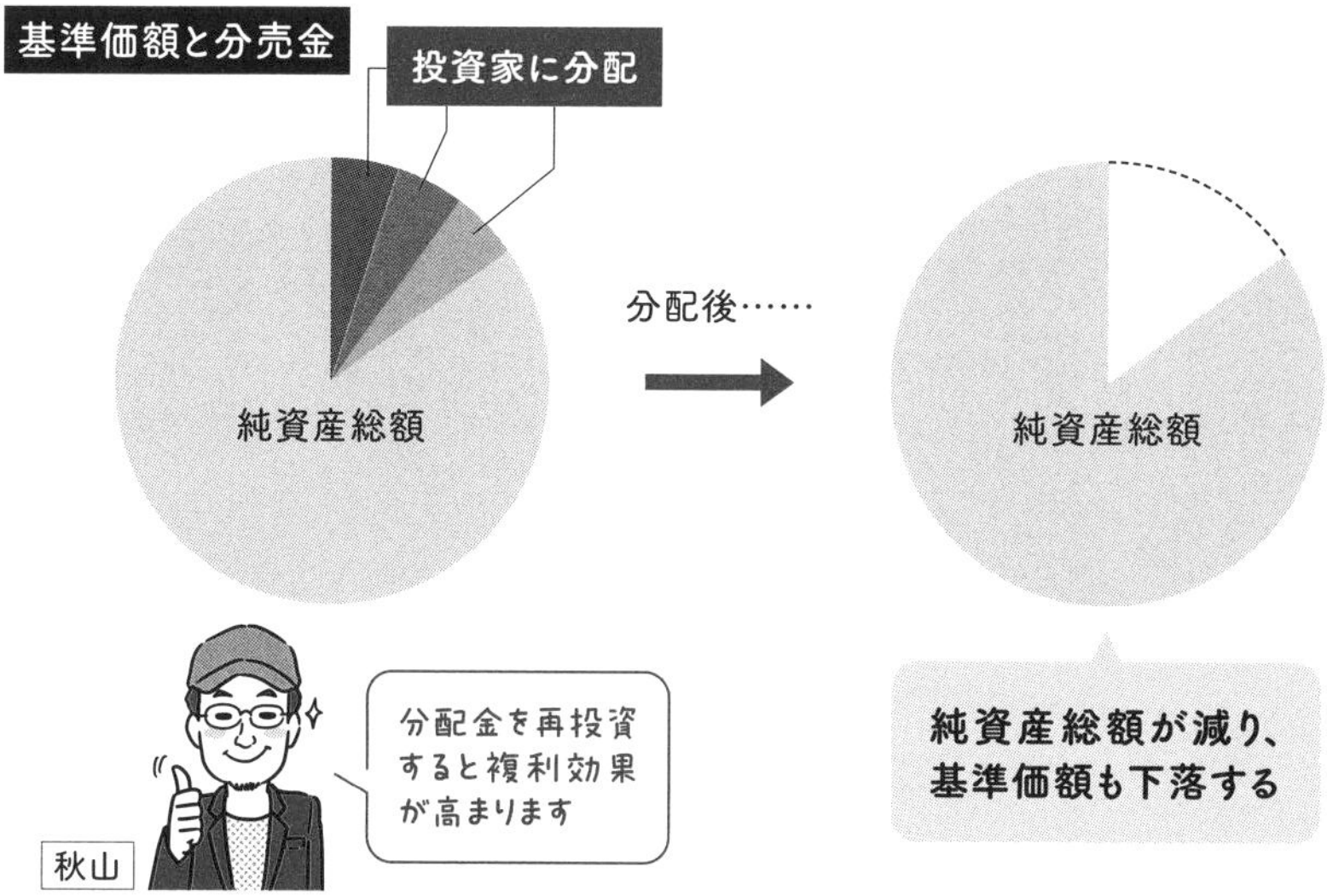

Point!

長期投資では、分配金の支払いがなく
基準価額が高い投資信託を選ぶとよいでしょう

Q 投資信託ごとの信託報酬に差があるのはなぜ？

A アクティブファンドとインデックスファンドのように運用方法に違いがあるためです

「信託報酬」とは、投資信託の管理・運用費用として、運用会社に支払う手数料のことです。別途支払うのではなく、「保有額に対し何％」といった形で毎日日割りで差し引かれます。信託報酬は、投資信託の種類によって、年率０・０５～２・０％程度の差があります。

こうした差が生じる理由のひとつは運用方法の違いです。**アクティブファンドは、ファンドマネージャーが運用する分、情報収集や調査、分析、取引などの運用に手間やコストがかかる**ため、インデックスファンドに比べて信託報酬が高い傾向にあるのです。

信託報酬は、投資信託を保有している限り、支払い続けるもの。たった０・１％信託報酬が違うだけでも、毎月３万円を30年間積み立てていけば、合計で約29万円の差になります（左図参照）。また、同じインデックスファンドに投資する場合、**指標との連動率が高ければ運用成績に大きな差は生じないため、なるべく信託報酬の安いものを選びましょう。**

信託報酬による利益の差

毎月3万円を30年間積み立てて3％の利回りで運用できたとすると……

信託報酬が0.1％の場合

積立額／月	3万円
積立期間	30年
リターン	2.9％（利回り3％－信託報酬0.1％）
最終金額	1718万5742円

運用会社に支払う手数料が「信託報酬」です

秋山

たった0・1％の差でも、30年後には約29万円の差に！

2％と0・1％を比べると、最終的な金額に約460万円も差が出る

信託報酬が0.2％の場合

積立額／月	3万円
積立期間	30年
リターン	2.8％（利回り3％－信託報酬0.2％）
最終金額	1689万5592円

信託報酬が２％の場合

積立額／月	3万円
積立期間	30年
リターン	1％（複利運用3％－信託報酬２％）
最終金額	1258万8846円

Point!

信託報酬は投資信託の保有中毎日差し引かれるため、なるべく安いものを選びましょう

Q 投資信託ごとの販売手数料に差があるのはなぜ？

A 実店舗の運営コストによって販売手数料に差がでるためです

「販売手数料」は、投資信託の購入時、販売会社に支払う手数料のことです。申込金の数%を手数料として支払い、その割合は販売会社によって無料（ノーロード）～3・0%前後と大きな差があります。こうした差が生じる理由のひとつに運営コストの違いが挙げられます。

　実店舗がある銀行や証券会社では、店舗の維持費、顧客に対応する担当者の雇用・教育のためのコストなどがかかるため、販売手数料を設けていることがほとんどです。

　しかし、基本的に店舗をもたないオンライン取引を行う**ネット証券やネット銀行などは、そういったコストがかかりません。そのため、販売手数料の減額や無料化を実施しているところが多い**のです。

　ただし、ネット証券では、顧客自身が、画面を通して買い付けや売却を行うことが基本です。ある程度は自分で投資ができるという人は、手数料が安いネット証券で活用したほうがよいでしょう。

金融機関ごとの販売手数料の例

金融機関名	投資信託名 販売手数料（%）		
三菱UFJ銀行	アライアンス・バーンスタイン・米国成長株投信Dコース毎月決算型〈為替ヘッジなし〉予想分配金提示型	ピクテ・グローバル・インカム株式ファンド（毎月分配型）	eMAXIS Slim米国株式（S&P500）
	3.3%	2.2 ～ 3.3%	0%
ゆうちょ銀行	ピクテ・グローバル・インカム株式ファンド（毎月分配型）	ダイワ・US-REIT・オープン（毎月決算型）Bコース（為替ヘッジなし）	スマート・ファイブ（毎月決算型）
	3.3%	2.75%	2.2%
野村證券	アライアンス・バーンスタイン・米国成長株投信Dコース毎月決算型（為替ヘッジなし）予想分配金提示型	ピクテ・グローバル・インカム株式ファンド（毎月分配型）	netWIN GSテクノロジー株式ファンドBコース（為替ヘッジなし）
	1.65 ～ 3.3%	3.85%	0.55 ～ 3.3%
SBI証券	アライアンス－アライアンス・バーンスタイン米国成長株投信D毎月H無予想分配金提示型	ピクテ－ピクテ・グローバル・インカム株式ファンド（毎月分配型）	eMAXIS Slim米国株式（S&P500）
	0%	0%	0%
楽天証券	アライアンス・バーンスタイン・米国成長株投信Dコース毎月決算型（為替ヘッジなし）予想分配金提示型	ピクテ・グローバル・インカム株式ファンド（毎月分配型）	eMAXIS Slim米国株式（S&P500）
	0%	0%	0%

※2023年９月時点　　出所：各社ホームページ

ネット取引を行う金融機関では販売手数料が低い傾向にあります
秋山

Point!

販売手数料が低いのはネット証券。
自分で投資ができる人は活用を検討してみましょう

Q 投資信託を解約するのにお金はかかるの？

A 銘柄によって「信託財産留保額」がかかります

投資家は、投資信託を解約（換金）する際、「解約手数料」と「信託財産留保額」を支払わなければなりません。解約手数料は、販売する金融機関に支払うもので、信託財産留保額は、引き続きその投資信託を保有し続ける投資家のために残されるものです。

ただし、実際のところ、解約手数料がかかる投資信託はほとんどありません。そのため、基本的には、信託財産留保額のみ支払うというケースが大半です。

信託財産留保額は、別途支払うのではなく、**換金時の投資信託の保有金額に対して、0・3%前後を信託財産留保額として、換金代金から差し引かれるケースが多い**です。

投資信託の種類によって差し引かれる金額は異なり、差し引かれないものや一定期間保有すれば徴収されないものなども多くあります。信託財産留保額がかかるかどうかについては、目論見書（78ページ参照）で確認することができます。

信託財産留保額のしくみ

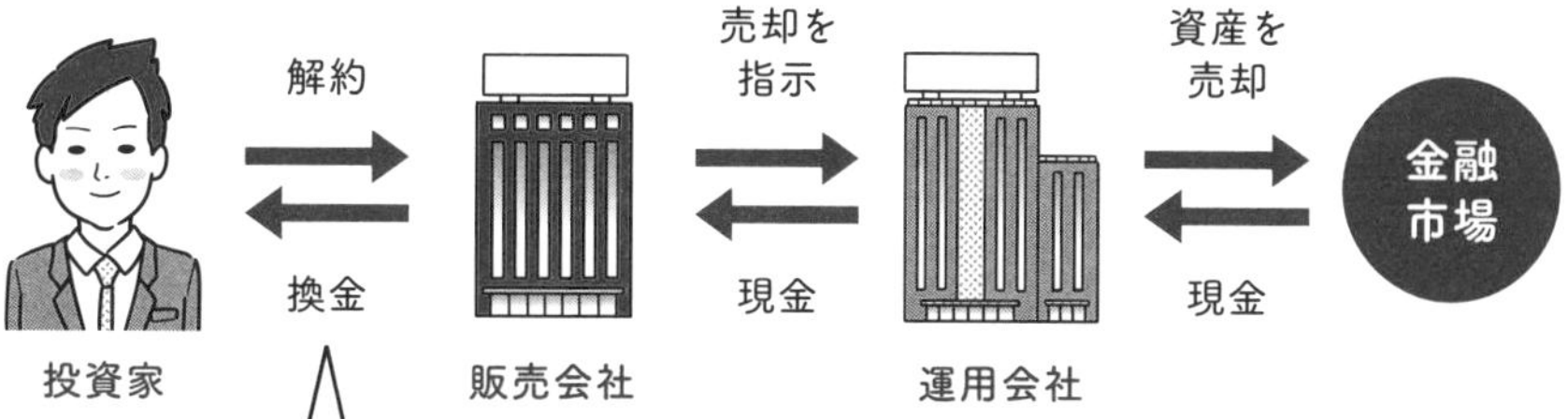

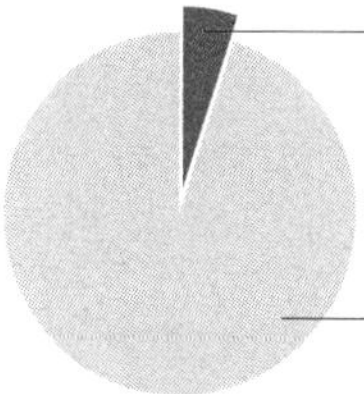

解約時、運用会社はその投資信託に組み込まれている株式や債券などの資産を売って投資家に支払う現金を用意する。その際に生じる費用を、「信託財産留保額」として解約する投資家が支払う

信託財産留保額の計算方法

信託財産留保額（円）＝換金時の保有金額（円）×信託財産留保額の料率（％）

例　換金時の保有金額が30万円で、信託財産留保額の料率が0.2％の場合

30万円×0.2％＝600円　信託財産留保額として600円を支払う

➡ **最終的に受け取る金額：30万円－600円＝29万9400円**

Point!

解約時には信託財産留保額がかかることもあるため目論見書を確認しましょう

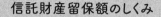

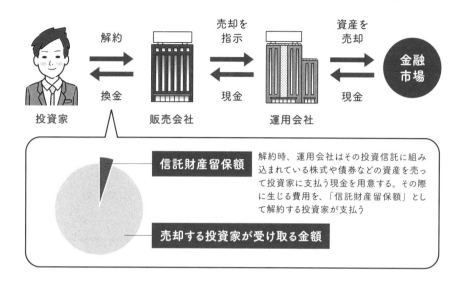

Q 投資信託にかかるコストはほかにあるの？

A 「隠れコスト」と呼ばれる、目論見書だけではわからないコストが発生します

投資信託にかかるコストは交付目論見書（78ページ参照）から確認できますが、これらのほかに、監査法人に支払われる監査費用や、有価証券などの売買にファンドが証券会社に払う手数料も投資家が負担します。しかし、これらのコストは**売買条件によって変動するため、事前に何%かかるかを提示できません**。交付目論見書にはコストの名前が掲載されているものの、具体的な数値は記載されていないため、「隠れコスト」と呼ばれています。

この隠れコストが記載されているのは、運用の結果をまとめた「運用報告書」※です。例えば、「eMaxis Slim米国株式（S&P500）」の「1万口当たりの費用明細」欄には、これらの隠れコストを含んだ実質的なコストが記載されています。**同じ指標への連動を目指すインデックスファンドであれば、少しでもコストの低い商品を選んだほうがお得**なため、商品を検討する際は、運用報告書にも目を通すとよいでしょう。

※運用報告書は、委託会社（運用会社）のホームページで確認することができます。また、受益者には作成ごとに書面を交付しています

隠れコストの確認（eMaxis Slim米国株式（S&P500）の例）

交付目論見書

信託報酬は「0.09372％」と記載されている

監査法人に支払われる監査費用などについては「売買条件等により異なるため、あらかじめ金額または上限額等を記載することはできません。」と記載されている

ファンドの費用

投資者が直接的に負担する費用	
購入時手数料	ありません。
信託財産留保額	ありません。

投資者が信託財産で間接的に負担する費用	
	運用管理費用（信託報酬）の総額は、以下の通りです。 日々の純資産総額に対して、年率0.09372％（税抜 年率0.08520％）以内をかけた額 1万口当たりの信託報酬：保有期間中の平均基準価額 × 信託報酬率 ×（保有日数／365） 受託会社　ファンドの財産の保管および管理、委託会社からの運用指図の実行等
その他の費用・手数料	以下の費用・手数料についてもファンドが負担します。 ・監査法人に支払われるファンドの監査費用 ・有価証券等の売買時に取引した証券会社等に支払われる手数料 ・有価証券等を海外で保管する場合、海外の保管機関に支払われる費用 ・その他信託事務の処理にかかる諸費用　等 ※上記の費用・手数料については、売買条件等により異なるため、あらかじめ金額または上限額等を記載することはできません。

出所：三菱UFJ国際投信

運用報告書

2022年4月26日～2023年4月25日

1万口当たりの費用明細

項目	当期 金額（円）	当期 比率（％）	項目の概要
(a)信　託　報　酬	18	0.096	(a)信託報酬＝期中の平均基準価額×信託報酬
（監　査　費　用）	(0)	(0.001)	ファンドの決算時等に監査法人から監査
（そ　の　他）	(0)	(0.000)	信託事務の処理等に要するその他諸費用
合　計	20	0.108	

期中の平均基準価額は、18,970円です。

「1万口当たりの費用明細」欄には、信託報酬や隠れコストを含んだ費用として「0.108％」と記載されている

出所：三菱UFJ国際投信

隠れコストは年によって異なるため、できれば毎年確認しましょう

秋山

隠れコストの例

- 監査法人に支払われるファンドの監査費用
- 有価証券等の売買時に取引した証券会社等に支払われる手数料
- 有価証券等を海外で保管する場合、海外の保管機関に支払われる費用　など

Point!

目論見書だけではわからないコストもあるため運用報告書も確認して商品を選ぶとよいでしょう

Q 投資信託の積立方法はどうやって設定するの？

A 金融機関のウェブサイトで設定できます

金融機関によって細部は異なりますが、基本的な設定の流れは同じで、ネット証券であればインターネット上で設定できます※。まず利用している口座にログインして銘柄を選びます。選択した銘柄に「積立設定」や「積立注文」などの項目があるので、そこを選択してください。

積立条件の積立金額や口座区分、分配金コースや積立指定日などを設定します。2023年現在、口座区分は「特定」「一般」「NISA（つみたてNISA）」ですが、2024年以降は新しいNISAに対応した口座区分が選択できるようになります。入力が終わると目論見書（78ページ参照）の確認画面に移り、内容を確認すると設定内容の確認画面に移ります。この最終確認をして設定は終了です。

金融機関によって設定方法に細かい手順が加えられたり、省略されたりします。**口座・銘柄を選ぶ際には、運用方針や投資対象などを調べるほか、設定方法が複雑ではないかもチェックするとよいでしょう。**

※設定はネットだけでなく、窓口からも行える。窓口で設定した場合、完了通知は窓口で受け取る

つみたてNISAの設定方法（楽天証券の場合）

①購入したい銘柄を見つける

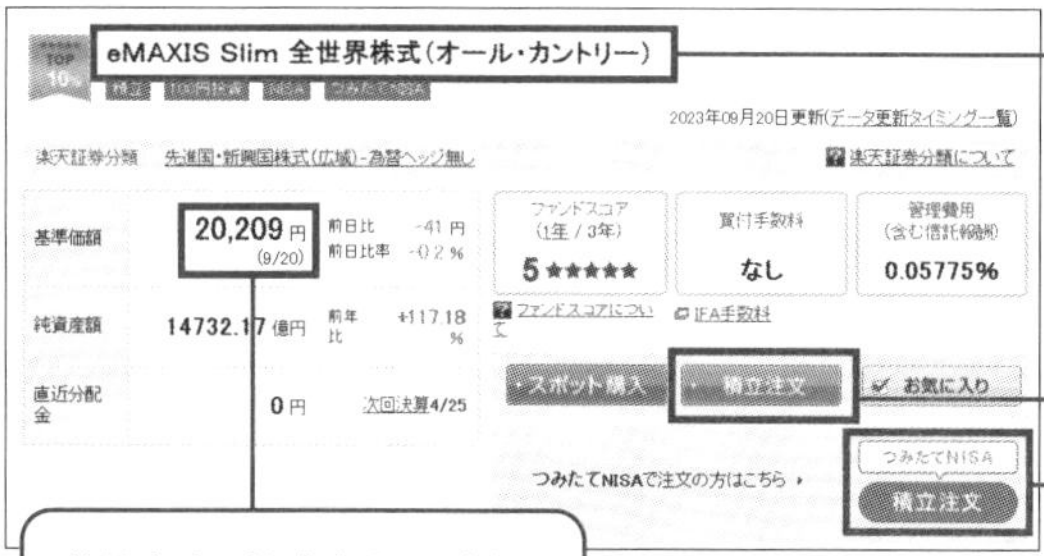

銘柄：表示されている銘柄が購入したいもので合っているか確認をする。銘柄名が愛称になっている場合もあるため注意

注文：何も書いていないのが課税口座での「積立注文」。つみたてMISAの場合は「つみたてMISA積立注文」をクリックする

基準価額：投資信託の時価。（92ページ参照）

②積立の設定を行う

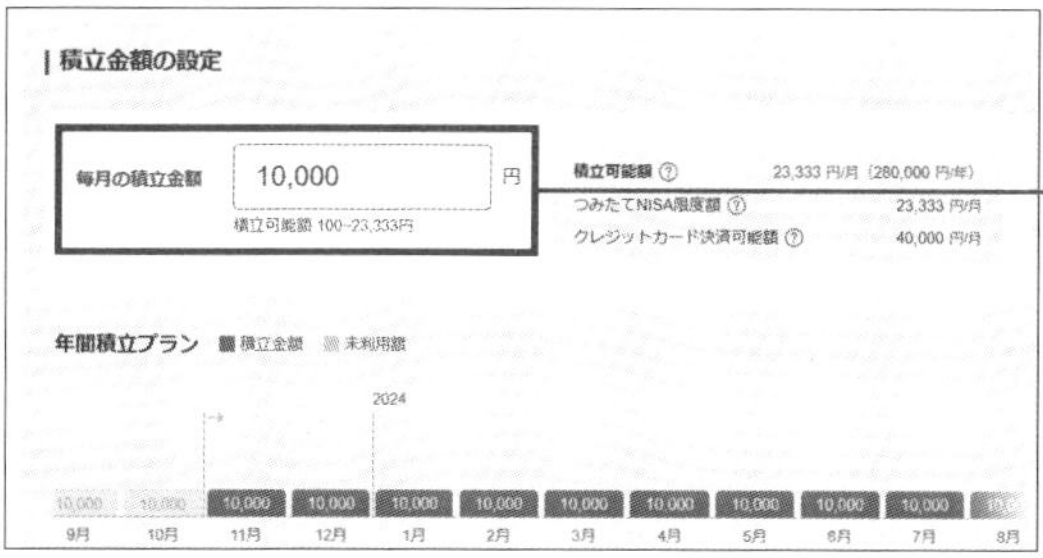

「毎月の投資金額」の欄に希望の金額を入力する

③交付目論見書の確認

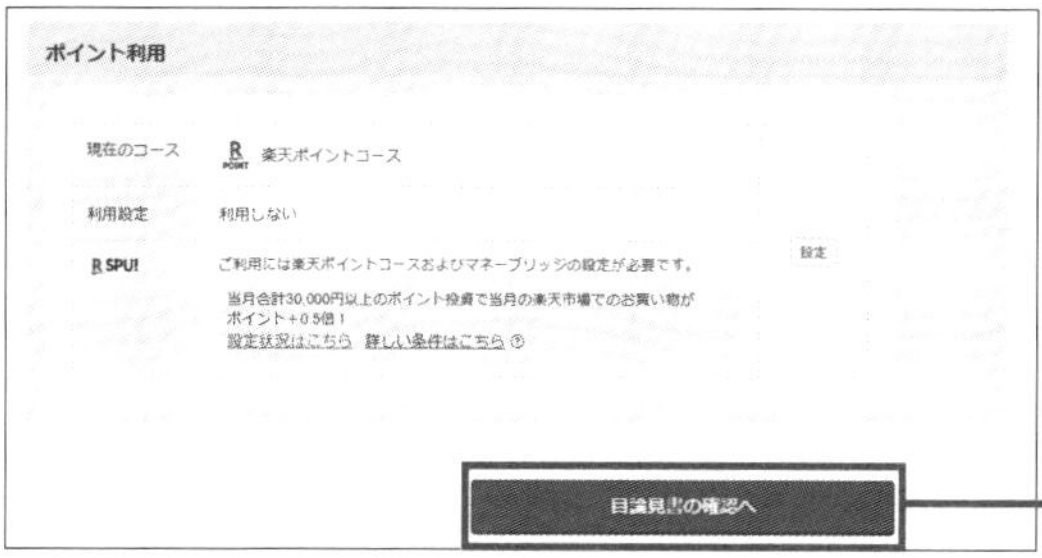

目論見書の確認：ボタンをクリックすると、目論見書を閲覧することができる。閲覧と同時に、暗証番号の入力画面が表示され、入力し、注文ボタンをクリックすると注文完了となる

※本ページではつみたてNISAの積立設定を解説

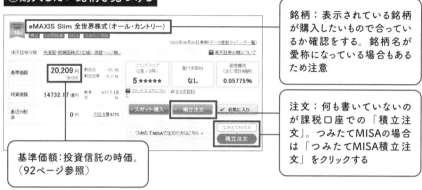

Q 暴落したら売るべき？ 継続して買うべき？

A 条件付きで継続的な運用をおすすめします

投資信託の基準価額が下がると、値がより下がる前に売ってしまって、損失を抑えたいと考えがちになるでしょう。しかし、長時間かけて資産を形成する積立投資の場合、すぐに売ってしまうのはおすすめできません。

その銘柄が有望であると前提にした場合、**相場が下落したときは「安くたくさん買える」状態であり、長期的にみてチャンスといえるからです**。また、価格の相場は常に変動するため、一時的に価格が下がっても、徐々に回復していきます。実際、リーマンショックやコロナショックなどの経済的な大打撃の後でも、1～5年かけてしっかり回復しています。

下落したからとすぐに売却すると、その後訪れるリターンを得られなくなってしまいます。長い目で見て、焦らずに運用を続けましょう。

Point!

積立投資は長時間かけて資産を形成するため、焦って売ってしまわずに運用を続けましょう

第3章

はじめてでも失敗しない株式投資と売買のコツ（成長投資枠）

新しいNISAの成長投資枠では、つみたて投資枠で対象外となっている株式やETF、REITをリアルタイムで売買できます。そのため、投資信託とは違う視点で銘柄を選んだり、より早いスパンで売買を判断したりする必要があります。本章では、株式の決算情報の読み方から配当・優待の受け取り方、ETFやREITの売買について解説します。

株式市場と銘柄探しのポイントを解説！

向藤原 寛

▶106～145、154～160ページを担当

秋山 芳生

▶146～153ページを担当

Q 東証のプライムやスタンダード、グロースは何が違うの？

A 上場している銘柄の信頼性・安定性が違います

株の個別銘柄を調べていると、「東証プライム」「東証スタンダード」という言葉が付けられていることがあります。これは、その銘柄が東京取引証券所の3つの市場「プライム市場」「スタンダード市場」「グロース市場」のどこに上場しているかを表しています。

あくまでイメージですが、プライム市場には日本を代表する3つ星企業が、スタンダード市場には実績の安定している中堅企業が、グロース市場にはこれからの成長が期待されるベンチャー企業が多く上場しています。

企業価値を高める取り組みなど、上場のために求められる条件はプライムが最も高く、以下、スタンダード、グロースと続きます。

いい換えれば、**投資対象としての信頼性、安定性はプライムが一番高く、グロースが一番低いというわけです**。投資のリスクを最大限におさえたいのであれば、プライム市場の銘柄を選ぶとよいでしょう。

流通株式比率　発行済株式数のうち、流通している株式数が占める割合のこと

東京取引証券所の上場株式市場区分

東証プライム	流動性	2万株単位で売買する機関投資家などが円滑に投資できる潤沢な流動性
	ガバナンス	流通株式比率35％以上
	経営成績	直近2年間の利益合計が25億円以上、売上高100億円以上かつ時価総額1000億以上の安定的で優れた収益基盤を有する
東証スタンダード	流動性	2000株単位で売買する一般投資家が円滑に投資できる適切な流動性
	ガバナンス	流通株式比率25％以上
	経営成績	直近1年間の利益が1億円以上の安定的な収益基盤を有する
東証グロース	事業計画	高い成長可能性を実現するための事業計画を有すると取引所から認められている
	流動性	1000株単位で売買する一般投資家が円滑に投資できる最低限の流動性
	ガバナンス	流通株式比率25％以上

※表内の要件は基準の一部を抜粋

さらに知りたい

市場の移動は可能？

プライム市場、スタンダード市場、グロース市場、それぞれの基準に合う場合、市場を移動できる。スタンダード市場から最も厳しいプライム市場へ移動すれば、投資家の注目が集まり、株価上昇にもつながりやすい

経営成績以外も
見られるのね

Point!

最も信頼できるのがプライム、手堅く安定的なのがスタンダード、成長に期待できるのがグロースです

Q 株式市場は何時まで開いているの？

A 東証は15時まで、地方の市場は15時半まで開いています

株はいつでも売買できるわけではありません。株式市場（証券取引所）が開いている時間にだけ取引を行うことができ、この時間帯を「取引時間」や「立会時間」と呼びます。**東証（東京証券取引所）の取引時間は、午前は平日9時～11時30分、午後は平日12時30分～15時までです**。午前の時間を「前場（ぜんば）」、午後の時間を「後場（ごば）」と呼びます。

日本には東証以外に名証（名古屋証券取引所）、札証（札幌証券取引所）、福証（福岡証券取引所）がありますが、これらの取引時間は、午前は平日9時～11時30分、午後は平日12時30分～15時30分までです。また、土曜日・日曜日・祝日・年末年始はすべての証券取引所の休業日です。

ただし、証券会社によっては**取引時間外やPTSという私設取引システムなどを利用して株の売買を行えるところがあります**（１５４ページ参照）。ＰＴＳ取引を利用すれば、夜間でも売買が可能となります。

証券取引所ごとの立会時間の違い

	前場	後場
東京証券取引所（東証）	9時～ 11時30分	12時30分～ 15時
名古屋証券取引所（名証） 札幌証券取引所（札証） 福岡証券取引所（福証）	9時～ 11時30分	12時30分～ 15時30分 （後場が30分長い！）

いずれも土日祝日は
売買できません
向藤原

■ 立会時間外に取引したい場合※

出勤前の朝の時間
に売買したい

仕事終わりの夜の
時間に売買したい

→ PTS取引を利用することも可能（154ページ参照）

Point!

証券取引所によって異なりますが、朝9時から長くて15時30分まで売買することができます

※立会外取引という時間外取引という方法もある（154ページ参照）

Q 銘柄選びの参考になる情報源は？企業の決算書はどこで見れるの？

A 四季報や日本経済新聞などが参考になります。決算書は企業のサイトやＥＤＩＥＮＴで見られます

個別株の情報収集に使われているのは季刊誌の「会社四季報」（東洋経済新報社）です。**上場されている全企業の業績、財務内容、株価の動きや、取材による注目材料がコンパクトにまとめられており**、好調な銘柄をスクリーニングする際に役立ちます。ただし、四季報の発刊ペースは年に4回です。

日々の企業動向を把握するには、日経新聞（日本経済新聞）が役立ちます。まず日経新聞で企業の動きを観察し、四季報で業績など具体的な情報を確認するとよいでしょう。

こうして気になった銘柄をピックアップしたら、詳細な決算書を確認しましょう。企業ホームページのＩＲ情報から閲覧できます。

最後は、金融庁の「ＥＤＩＥＮＴ」です。これは、企業が発表した有価証券報告書などの決算書を検索できるサイトです。検索結果は時系列で表示されるので、最近発表された決算書を確認したい際に有効です。

IR　Investor Relationsの略。投資家向けに経営状態や財務状況などの業績を公表する活動を指す。上場している企業はホームページに必ず掲載している

個別株の情報収集に役立つ4つのツール

①四季報（会社四季報）

- 東洋経済新報社から年4回発刊される
- すべての上場銘柄のデータを閲覧できる
- 業績の好調さに応じて独自の評価が下されておりスクリーニングに最適
- オンライン版もあり

②日経新聞（日本経済新聞）

- 経済にまつわる情報を閲覧できる
- 好調な企業の動向などを掴むことができる
- インターネット上で閲覧できる「日経電子版」もあり、リアルタイムで情報を確認できる

③企業のIR情報ページ

出所：トヨタ自動車

各企業のIR情報（投資家情報）ページで、詳細な決算書を閲覧できる

④EDINET

出所：EDINET

一定期間内に発表された有価証券報告書などを検索できる

（https://disclosure2.edinet-fsa.go.jp/WEEK0010.aspx）

①＋② ➡ 基本はこの2つで情報をカバーできる

③ ➡ 気になる銘柄を見つけたときに見る

④ ➡ 直近に発表された決算などを時系列で見れる

知りたい情報に沿ってツールを使い分けるといいでしょう

向藤原

Point!

各ツールを目的に分けて使うことで個別株の情報を効率的に得ることができます

Q 企業の決算はどんな流れで発表されるの？

A 1年に1回の本決算を行うほか、3カ月に1回の「四半期決算」などを公表しています

企業の決算は通常、会計期間の最終日（期末）に行われ、決算の区切りとなる月は決算月、その最終日は決算日と呼ばれます。例えば会計期間が4月1日から翌年3月31日までの企業であれば、決算月は3月、決算日は3月31日です。また、上場企業は3カ月に1回、四半期決算という形で決算を作成・公表します。3月決算の企業であれば、4～6月の決算を第1四半期（1Q）として発表します。続く7～9月が第2四半期（2Q）、10～12月が第3四半期（3Q）、翌年1～3月が第4四半期（本決算（4Q））です。

これらの決算の期末から45日以内に、まず「決算短信」が発表されます。これは決算書の速報ともいえるもので、財務諸表が簡潔にまとめられています。その後、決算期末から3カ月以内に、数値の調整やより詳細な情報を加えた「有価証券報告書」が発表されます。これらはすべての上場企業が発表しますが、毎月行われる月次決算を発表する企業もあります。

有価証券報告書 企業の概況や財務の状況などさまざまな内容を事業年度ごとにまとめた資料（116ページ参照）

企業の決算発表の流れ（3月決算の例）

4月

第1四半期（1Q）が開始

・5月に**前期の通年の決算短信**が発表

・6月末までに**前期の通年の有価証券報告書**が発表

7月

第2四半期（2Q）が開始

・8月に**1Qの決算短信**が発表

・9月末までに**1Qの有価証券報告書**が発表

10月

第3四半期（3Q）が開始

・11月に**2Qの決算短信**が発表

・12月末までに**2Qの有価証券報告書**が発表

翌年1月

第4四半期（4Q）が開始

・翌年2月に**3Qの決算短信**が発表

・翌年3月末までに**3Qの有価証券報告書**が発表

3月

決算締め

・3月末日が決算の締め日となる

決算は原則
年に4回
発表されます

向藤原

Point!

決算短信は決算期末の45日以内、有価証券報告書は決算期末の3カ月以内に発表されます

決算短信　企業の決算状況を速報として簡潔にまとめたもの（詳しくは116ページ参照）

Q 連結決算と単独決算って何が違うの？

A 連結決算はグループ企業全体の決算で、単独決算は企業の個々の決算です

決算関連の資料に目を通していると「連」あるいは「単」という印に気づくことがあると思います。「連」は連結決算、「単」は単独決算を略した言葉であり、「グループ会社の決算情報も含めているか否か」を表しています。

グループ会社とは、親会社を軸としてその子会社、関連会社などが一体となり、グループを形成したものです。例えば、ソニー（6758）の場合、映画、保険、銀行をはじめとする1000社以上の子会社を保有していることで有名です。

連結決算とは、そうした複数企業全体の売上や利益などを示した決算であり、単独決算はグループ内企業の個々の決算です。法定の要件を満たす企業には連結決算の提出が義務づけられており、上場企業の多くがその作成・公開をしています。

グループ企業全体の業績を正しく把握するためには連結決算の分析が不可欠です。決算書を確認する際は連結決算を分析しましょう。

連結決算と単独決算の違い

連結決算

・グループ会社も合計した総合的な決算
・ほとんどの企業が作成・公開を義務づけられている
・グループ全体の決算動向を確認できる

↓

投資では
連結決算がある場合
連結決算の数値を
確認する

単独決算

・グループ会社のない企業が作成・公表する
・グループ会社がある場合、親会社のみの決算情報が記載されている

↓

投資では
グループ会社のない場合を
除いて原則
単独決算は確認不要

連結決算か単独決算の見分け方

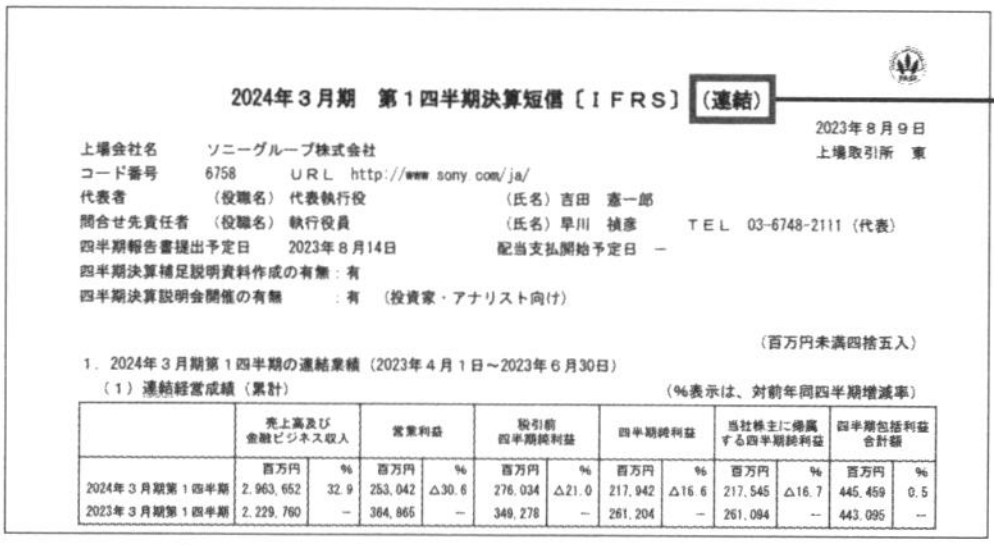

2024年３月期　第１四半期決算短信〔ＩＦＲＳ〕（連結）

2023年８月９日

上場会社名　ソニーグループ株式会社　上場取引所　東
コード番号　6758　ＵＲＬ　http://www.sony.com/ja/
代表者　（役職名）代表執行役　（氏名）吉田　憲一郎
問合せ先責任者　（役職名）執行役員　（氏名）早川　禎彦　ＴＥＬ　03-6748-2111（代表）
四半期報告書提出予定日　2023年８月14日　配当支払開始予定日　－
四半期決算補足説明資料作成の有無：有
四半期決算説明会開催の有無　：有　（投資家・アナリスト向け）

（百万円未満四捨五入）

1．2024年３月期第１四半期の連結業績（2023年４月１日～2023年６月30日）
（１）連結経営成績（累計）　（％表示は、対前年同四半期増減率）

	売上高及び金融ビジネス収入		営業利益		税引前四半期純利益		四半期純利益		当社株主に帰属する四半期純利益		四半期包括利益合計額	
	百万円	％	百万円	％	百万円	％	百万円	％	百万円	％	百万円	％
2024年３月期第１四半期	2,963,652	32.9	253,042	△30.6	276,034	△21.0	217,942	△16.6	217,545	△16.7	445,459	0.5
2023年３月期第１四半期	2,229,760	－	364,865	－	349,278	－	261,204	－	261,094	－	443,095	－

決算書の見出しに注目
（連）→連結決算
（単）→単独決算

出所：ソニー「2024年３月期 第１四半期決算短信（連結）」

Point!

グループ企業をもつ上場企業が多いため
原則、決算書は連結決算を確認しましょう

Q 有価証券報告書と決算短信は何が違うの？

A 決算短信は速報性を重視し、簡潔にまとめたもので、有価証券報告書は詳細な決算情報をまとめたものです

有価証券報告書は、企業の概況、沿革、事業内容、設備や財務の状況などさまざまな内容を事業年度ごとにまとめた資料です。 金融証券取引法によって作成が義務付けられ、決算日から3カ月以内の開示が求められています。一方、**決算短信とは、企業の決算内容をコンパクトにまとめたものです。** 法律ではなく証券取引所のルールによって作成・公開が要請されて、決算期末の45日以内に開示されます。

どちらの書類にも共通しているのが財務三表です。財務三表とは、企業がもつ資産や負債をまとめた「貸借対照表」、利益や損失の詳細を示す「損益計算書」、現金の出入りや使途を示す「キャッシュ・フロー計算書」の総称であり、企業の決算を表す重要な書類です。

有価証券報告書には、これに加えて事業セグメントごとの業績や、今後の展望が詳細に記されます。このように、決算短信は早期の開示（速報性）が重視され、有価証券報告書は内容の詳細さが重視されます。

決算短信と有価証券報告書の違い

向藤原

決算短信

- 各決算期末から45日以内に発表される
- 速報性が重視される
- 業績、来期の業績予想、配当、財務三表（118ページ参照） などの情報が簡潔にまとめられている
- 証券取引所の規定にもとづいて作成している

向藤原

有価証券報告書

- 各決算期末から3カ月以内に発表される
- 内容の正確性・情報量が重視される
- 決算短信の数値をより正確に修正したうえで公表している
- 金融商品取引法により作成が義務付けられている

決算短信・有価証券報告書の確認方法

※各企業のIRで確認できる
（110ページ参照）

決算短信か有価証券報告書かを選択

過去の決算を四半期ごとに確認できる

出所：任天堂

Point!

正確な情報を把握するには有価証券報告書を確認しましょう

Q 財務三表の見るべきポイントを知りたい

A 記載されている5つの利益のうち「当期純利益」が特に重要です

決算書は、主に「損益計算書」「貸借対照表」「キャッシュ・フロー計算書」の3つで構成されています。特に、損益計算書は企業の一定期間の経営成績を示したもので、どれだけの費用を使って、どれだけの収益を得て、どれだけの利益が残っているのか、もしくはどれだけ損失が生じたのかがわかります。まずは損益計算書から、企業の稼ぐ力を確認しましょう。

左図のように、5つの利益が記載されています。**このうち特に見るべきなのは、「当期純利益」であり、そこから「1株あたりの当期純利益（EPS）」を割り出します。**

当期純利益とは企業の最終的な利益を表した数字であり、当期純利益を発行済株数で割ったものが1株あたり当期純利益です。1株ごとの値に換算することで他社と比較しやすくなります。特に長期保有が前提なら、5～10年単位で安定的に上昇しているかを確認しましょう。

ほかの決算書「貸借対照表」では資産が多く借金の少ない銘柄を確認するとよいでしょう。

財務三表の種類と注目ポイント

財務三表の種類

貸借対照表	・企業の「資産」「負債」「純資産」の内訳や総額が記されている ・手元の総資産よりも返すお金が多い**債務超過の銘柄は、投資対象から外したほうがよい**
キャッシュ・フロー計算書	・一定期間における企業の現金がどんな理由でどの程度動いたかが「営業」「投資」「財務」で記される ・「営業」は通常の業務での資金の出入りを示し、**「営業」が赤字の企業は避けたほうがよい** ・「投資」は再投資などによる資金の動きを示し、**赤字のことが多いが、それが継続的な場合は投資対象には向かないとされる**
損益計算表	一定期間内の利益と支出をまとめたもので、5種類の利益が記載されている

損益計算書に記載される5種類の利益

売上総利益	売上高から売上原価を差し引いたもの。粗利とも
営業利益	本業で稼いだ儲けを示す
経常利益	すべての事業から得た利益
税引前当期純利益	法人税などの税金を支払う前の利益
当期純利益	税引前当期純利益から法人などの税金を引いた後に残る利益。最終利益、純利益ともいう

※1株あたりの当期純利益のことを「EPS」といい、当期純利益÷発行済株式数で求められる

今は純利益が赤字でも、5年、10年先に、純利益の水準がどうなるかが長期投資のポイントです
向藤原

Point!

財務三表は企業の資産やお金の流れを表します。特に、まずは損益計算書の当期純利益に注目しましょう

Q バリュー投資とグロース投資は何が違うの？

A バリュー投資は株価の割安さを、グロース投資は企業の成長力を銘柄選びの基準にします

バリュー投資とは、本来の企業価値より低い株価の付いた銘柄（バリュー株）を購入し、株価が本来の価値まで上昇した際に売却をして利益を得る手法です。〝投資の神様〟と呼ばれるウォーレン・バフェット氏はこの手法で巨額の財を築きました。

バリュー株は、一般的にPERやPBRという指標によって判断できます。PERは株価を1株あたり当期純利益で割ったもので、業種や業界にもよりますが、15倍以下であれば割安とされています。また、PBRは株価を1株あたり純資産で割ったもので、1倍以下が割安となります。

グロース投資とは、成長性の高い企業（グロース株）に投資する手法です。米国株であれば、グーグルやアマゾンなどは成長性が高く、グロース株に該当します。**特に、1株あたり当期純利益の成長が大きいものを選びましょう。**また、新事業の発表や事業拡大の動向から判断することもできます。

PER・PBR

PERは、時価総額÷当期純利益で算出される。PBRは、時価総額÷純資産で算出される。一般的には、連結決算の数字を使用する（114ページ参照）

バリュー投資とグロース投資のイメージ

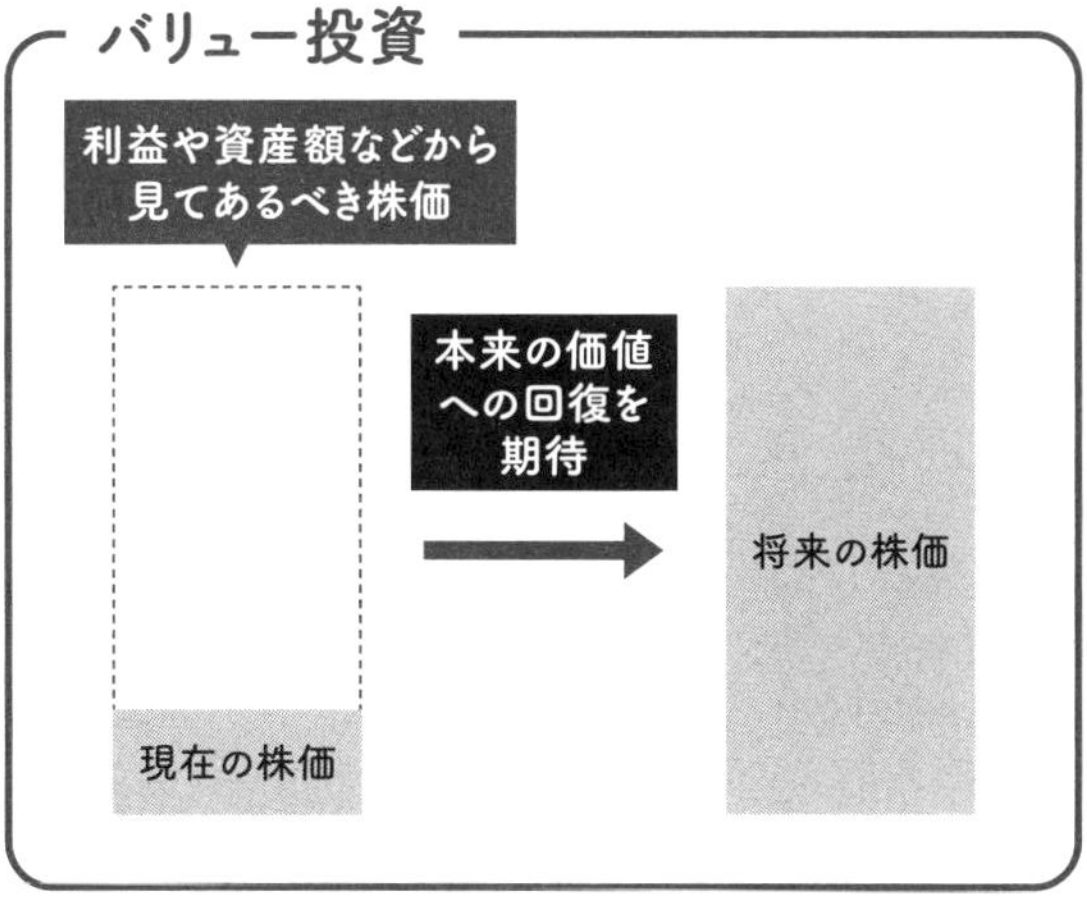

市場のなかで過小評価されていると考えられる銘柄に投資する方法

PERやPBRで判断する

一般的にPERは15倍以下、PBRは1.0倍以下であると割安とされる

↓

業種ごとに違うので、類似の企業のPBRを見て、安価な銘柄を選ぶ

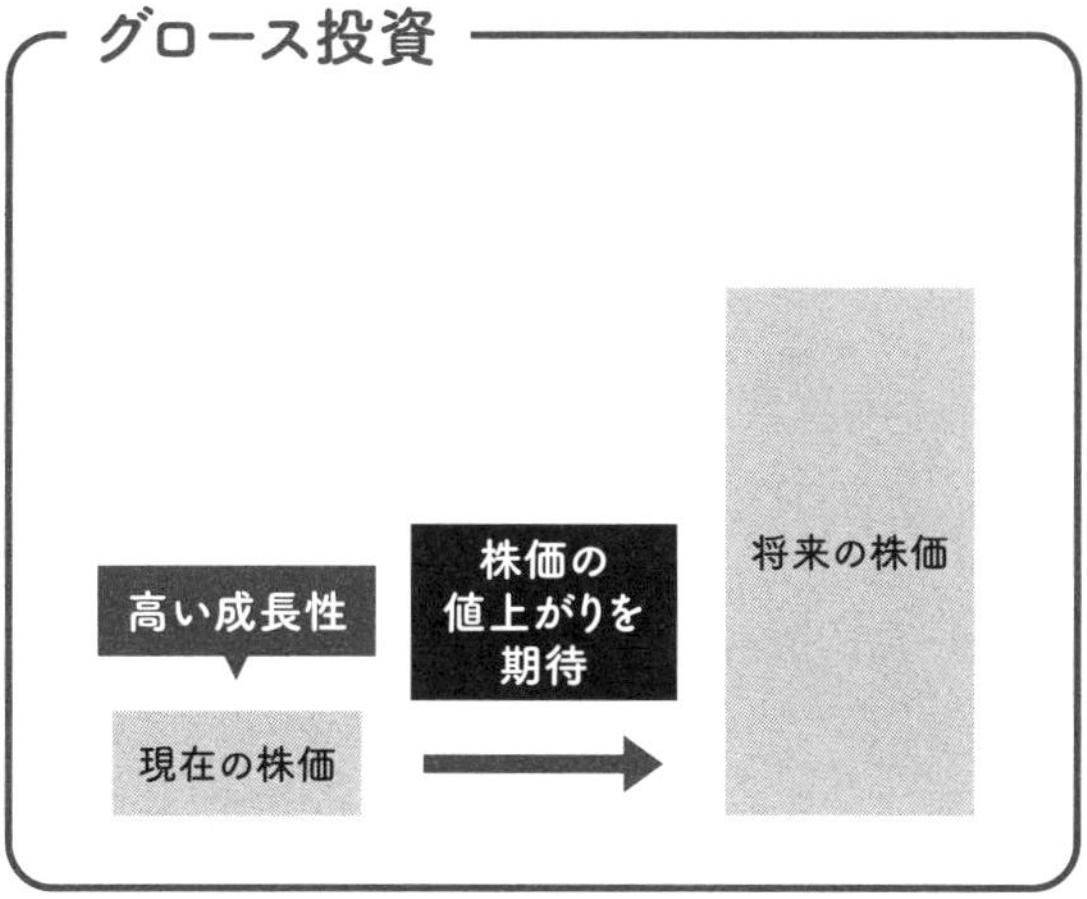

成長性が高く、短期的に高リターンが望める銘柄に投資する方法

PERやPBRは市場平均よりも高い傾向にある

バリュー投資の銘柄に比べて変動が激しいが、高リターンを上げる可能性もある

↓

グロース株を買うなら、PER・PBR以上にROEを重視し、事業内容から成長性に注目する

Point!

業界や銘柄で水準は異なるので、同業界の銘柄の数値を5つほど確認して水準を把握しておきましょう

ウォーレン・バフェット　アメリカの投資家。突出した運用成績を誇り、1964年～2019年末の運用成績は＋274万4000％とされている

Q 株価はどんなときに下がりやすいの？

A 株価は企業の業績以外に、市場内部要因と市場外部要因によって下がります

株価が下がる要因は、**大きく①企業の業績、②市場内部要因、③企業業績以外の市場外部要因に分けられます**。

①は、具体的には企業の売上・利益などで、株価の動向に最も影響を与える要因といえます。②は、株の需給バランスが崩れることで、株価が特殊な動きを示す状態です。例えば、相場を意図的に操作して有利な取引を進めようとする仕手筋の出現や、海外投資家の動向による株価の増減が挙げられます。

③の例としては金利や為替、景気、政治や経済の変化、戦争や天災などがあります。

このように株価が下がる要因はさまざまですが、特に注目すべきは②や③です。この場合、企業の業績とは関係なく、一時的な下落に留まり、その後株価が回復するケースが多いです。

②③の要因で株価が下がった場合には、狙っていた銘柄を安く買えるチャンスになる場合もあります。

株価が下がる3つの要因

①企業の業績

売上や利益（特に当期純利益）が減少すると株価が下がりやすい。
また、2期連続、3期連続で減収や減益になった場合はさらに売りが加速する。

注目！

②市場内部要因

株の売買や、信用取引による売り攻勢、企業レポートによる株価の言及、仕手筋、海外投資家の動向など、企業の業績とは関係なく、市場内で起きる需給バランスの変化によって株価が下がることがある。

日本株を
売ろう
株価が下落

外国人投資家

注目！

③企業業績以外の市場外部要因

金利の上昇、為替の変動、天災、戦争、金融ショックなど、企業の業績・能力とは関係なく相場全体の株価が変動することがある。

円高

輸出を行う企業の株価が下がりやすい

円安

輸入を行う企業の株価が下がりやすい

その他

天災、戦争、金融ショックでは相場全体が下がりやすい

Point!

②③のように企業の業績と無関係に株価が下がった場合、銘柄を安く買えるチャンスになり得ます

Q 成長している銘柄を探すにはどこを見ればいい？

A 当期と前期の売上・利益やROEに着目してみましょう

先に触れたように株式投資の手法のひとつに成長が期待できる銘柄を購入するグロース投資があります。成長している銘柄を見つけるためには、EPS（1株あたり当期純利益）の伸びを確認しましょう（118ページ参照）。

加えて、**ROE（自己資本利益率）をチェックしてみてもよいでしょう**。ROEは株主が出資した自己資本をいかに効率よく利益を上げているかを示す指標です。一般的に8%～10%を超えると優良企業とされており、その値が高いほど経営効率がよく持続的な成長が見込めるとされています。かつ、**この水準を維持している企業であれば、投資した後も長期的に安定して成長すると予測できます**。

また、ROEを指標として見る場合には、その企業の事業が社会に対してどんな影響力をもつのかを知っておくことが重要です。ブランド力があったり、参入障壁があって新規企業が入りづらいビジネスモデルであればなお成長に期待できます。

ROEの計算式とROEの注目ポイント

$$\text{ROE}(\%) = \frac{\text{当期純利益}}{\text{自己資本}} \times 100$$

株主の出資した自己資本をいかに効率よく利益を上げているかを示す指標。
数値が高いほど効率的に利益を稼げているといえる

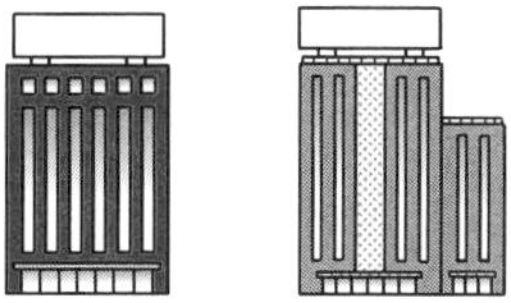

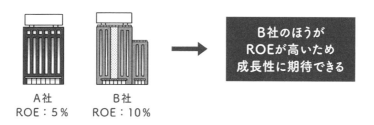

A社
ROE：5％

B社
ROE：10％

→ B社のほうがROEが高いため成長性に期待できる

ROEの2つの注目ポイント

①ROEの水準

8～10％を超えていると高水準といえるため、このラインを超えているかに注目

②ROEの推移

ROEが一時的に高いだけでは将来的な成長には担保できないため、ROEが右肩上がりで増加しているか、高水準を維持できているかに注目

→ 過去10年の数字を出して確認するのがよいでしょう

Point!

ROEは成長性の目安になるため、右肩上がりに増えるか、8～10％の水準を超えている銘柄がよいでしょう

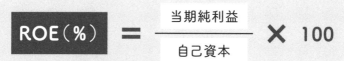

Q 株式分割で株価が上がるのはなぜ？

A 株価が購入しやすい額になり需要が高まると予想されるためです

株式分割とは、発行済の株を細分化して、株の数を増やすことです。例えば、1株を2株にする株式分割が行われると、所有する株の数は自動的に倍増することになります。

ただし、理論上、所有する株の資産価値は分割の前と後とで変わりません。

例えば、1株300円だった株が3株に分割された場合、株の額（理論値）は3分割された後に1株100円となるので、3株の合計額は300円でまったく同じです。

株式分割が行われると、株価が上がることが少なくありません。分割の結果、株価が購入しやすい額になるため「買う人が増えるだろう（その結果、今より上がるに違いない）」という人が増加しやすくなります。それを見越して先回りして買われる傾向があるためです。

実際、株式分割は株価が高い銘柄で行われることが多く、2023年にはファーストリテイリング（9983）やオリエンタルランド（4661）といった大企業が実施しました。

株式分割のしくみと調べ方

株式分割のしくみ

株価を2分の1、3分の1などに下げるために、株数を2倍、3倍に増やすこと。購入に必要な最低金額が下がり、多くの人が買いやすくなり株数が増えるため流動性が上がる。それを見越して先回りして買われやすくなる。

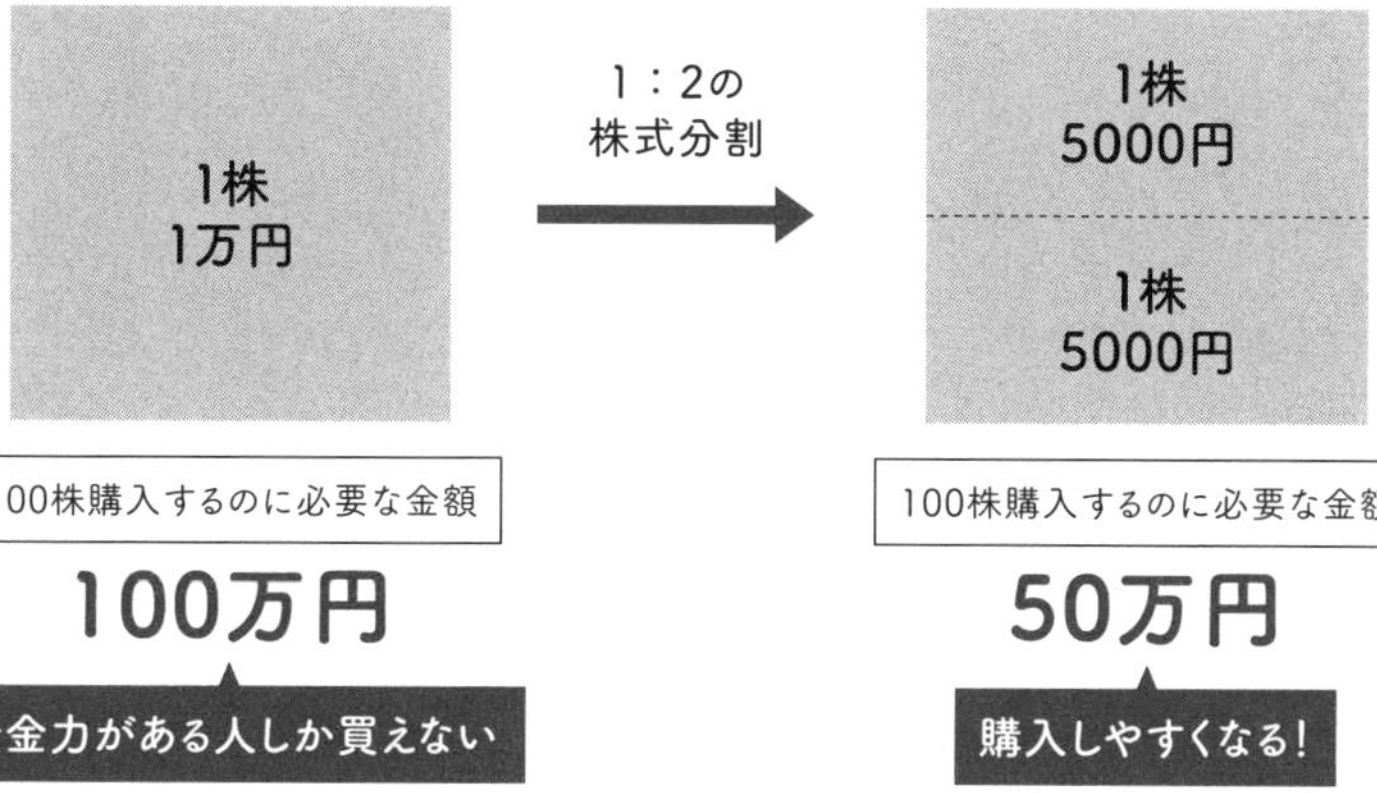

株式分割を行う銘柄の調べ方

SBI証券

分割 合併 売買単位変更 社名変更 業績修正

株式分割予定銘柄一覧

更新：23/08/30

分割権利落ち日	銘柄	市場	割当比率
23/12/28	6592 マブチモーター	東証プライム	1 → 2
23/10/30	8972 ケネディクス・オフィス投資法人 投資証券	東証REIT	1 → 2
23/09/28	1793 大本組	東証スタンダード	1 → 3
23/09/28	2813 和弘食品	東証スタンダード	1 → 3
23/09/28	1884 日本道路	東証プライム	1 → 5
23/09/28	1980 ダイダン	東証プライム	1 → 2
23/09/28	6902 デンソー	東証プライム	1 → 4
23/09/28	6963 ローム	東証プライム	1 → 4

SBI証券の「株式分割予定銘柄一覧」ページ。株式分割の予定日と銘柄名が時系列でわかる

①企業ホームページ（IR）のお知らせ
②日経新聞などのメディア
③証券会社サイトの「株式分割予定銘柄一覧」
④適時開示情報閲覧サービス（TDnet）
https://www.release.tdnet.info/inbs/I_main_00.html

Point!

株式分割を行うとより少ない額で購入できるようになり、流動性が高くなるため株価が上がりやすい

Q NISAでも配当や株主優待を受け取れるの？

A 一般NISAや成長投資枠であれば受け取ることができます

新しいNISAの成長投資枠や一般NISAにおいても、配当や株主優待が設定されている銘柄を一定数保有し、規定の決算まで持ち越していれば受け取ることができます。ただし、配当は受け取り方を「株式数比例配分方式」に設定しなければ課税対象になります（130ページ参照）。また、株主優待を受け取るには、一般的な株式投資と同様、最低1単元（100株）保有などの条件を満たす必要があります。これらの条件は各企業のホームページに掲載されているため確認しましょう。

新しいNISAではつみたて投資枠と成長投資枠を併用できるので、**これまでつみたてNISAしか行ってこなかった人でも、株を保有することで配当や株主優待を受け取れるようになり、配当、売買益が非課税になります**。

なお、新しいNISAのつみたて投資枠や、従来のつみたてNISAでは投資信託やETFが対象です。これらには配当や優待はありませんが、分配金を非課税で受け取れます。

分配金　投資信託の運用利益の一部から、投資家に還元されるお金。一般的に、投資信託の決算時に支払われる

NISA口座でも株主優待・配当を受け取れる

株主優待 → NISA口座でも **受け取り可**

企業が指定する株数・保有期間をクリアしていれば株主優待を受け取れる。銘柄によって年に1～2回受け取れる。

ライオン（4912）の場合

優待内容	歯磨き粉、洗剤などの自社製品詰め合わせセット
条件	100株以上保有
受け取り	年に1回

配当 → NISA口座でも **受け取り可**

企業が得た利益のうちの一部を株主に還元する施策。1株あたりの金額で発表される。銘柄によって年に1～2回受け取れる。

JT（2914）の場合

配当金額	1株につき年間で188円（9月に75円＋3月に113円）（2022年12月期実績）
条件	特になし
受け取り	年に2回

分配金 → NISA口座でも **受け取り可**

投資信託・ETFが生み出した運用益のうち、一部を投資家に還元する施策。銘柄によって年に1～2回受け取れることが多い。

※銘柄によっては配当、分配金を出さないことが少なくありません

つみたて投資枠でも可能！

Point!

NISA口座でも配当や優待を受け取れます。キャッシュフローをよくする投資方法として有効です

Q NISAでも配当金で税金が取られると聞いたけど本当？

A 配当金の受け取り方次第で取られます

通常、株式投資や投資信託で得られる利益の配当金や分配金は課税対象ですが、NISA口座で購入した銘柄の配当金・分配金は非課税で受け取ることができます。

ただし、配当金を**非課税で受け取れるのは「株式数比例配分方式」が選択できる証券会社のみです**。株式数比例配分方式とは、証券会社の取引口座で配当金を受け取る方法です。

これ以外の受け取り方法には、ゆうちょ銀行や郵便局などで受け取る「配当金受領証方式（配当金領収証方式）」や、指定の銀行口座に入金する「登録配当金受領方式」「個別銘柄指定方式」がありますが、これらを選択すると課税対象になってしまいます。

なお、株式数比例配分方式を選択するとNISA口座以外の特定口座や一般口座で保有するすべての上場株式の配当金にも自動的に適用されます。つまり、**NISA口座以外で保有する銘柄の配当金も、すべて証券会社の口座での受け取りになるということです**。

分配金の種類と配当金の受け取り方の種類

投資信託：分配金の種類

	課税の有無	課税の有無
普通分配金	投資信託の元本の運用によって得られた利益から投資家に配分される利益	NISA口座では非課税
特別分配金（元本払戻金）	分配金が支払われた後の基準価額が投資した元本を下回っていた場合に支払われる基準価額と元本の差額	非課税

特定口座、一般口座では課税（源泉徴収）される

もともと非課税

株：配当金の受け取り方

受取方法	特徴	配当金
配当金領収証方式	自宅に郵送される「配当金領収証」を金融機関に提示して受け取る方式	20.315％
登録配当金受領口座方式	複数の証券会社に口座があっても、保有する株式等配当金を指定の一口座ですべて受け取る方式	
個別銘柄指定方式	銘柄ごとに配当金を受領する金融機関を選択し、届け出があった銘柄の配当金だけを受け取る方式	
株式数比例配分方式	株式の数量に応じ配当金等を証券口座で受け取る方式	非課税

NISAでは必ずこの方法を選択する!

※特定口座、一般口座では配当金は課税（源泉徴収）の対象になる

Point!

配当金の受け取り方法は必ず「株式数比例配分方式」を選択して、非課税で受け取りましょう

Q 配当利回りの高い高配当株の探し方を知りたい

A 証券会社のスクリーニングを使って探すのがおすすめ

高配当株とは、配当利回り（1株あたり配当金÷株価）の高い株のことをいい、一般的に3％を超えているものを指します。

高配当な銘柄の探し方は、証券会社のスクリーニングを使うのがおすすめです。スクリーニングとは、指標や数値などの条件を細かく指定して株の銘柄を検索できる機能のことで、これを使えば、配当利回りのいい銘柄を簡単に探すことができます。また、Yahoo!ファイナンスなどが作成する「配当利回りランキング」を参考にするのもよいでしょう。

しかし、**配当利回りだけを見て投資先の銘柄を選ぶのは危険**です。業績悪化で株価が下がったため高配当になった銘柄や、記念配当などの影響で直近の配当金がたまたま高額だった銘柄などもあります。

決算書（118ページ参照）を確認したうえで、配当利回り以外の業績の状況や財務の安定性を考えましょう。

利回り　通常、元本が一定期間後に戻ることを前提に使うが、株式配当金にはその前提はなく、単純に今の株価に対して、直近受け取れそうな配当金の割合を示している

スクリーニングの使い方

■SBI証券でのスクリーニング機能の場合

ログイン後、「国内株式」 のページ内にある 「銘柄スクリーニング」 を選択すると、スクリーニングのページに遷移する

おすすめスクリーナー・Myスクリーナー
SBI証券が推奨するスクリーニングの条件や、指定したスクリーニングパターンなどが表示される

基本条件
「市場」「規模」「採用指数」「業種」「企業スコア」「投資金額」から条件を設定してスクリーニングを行うことができる

■検索条件の条件を追加

PER（120ページ参照）
株価を1株当たり純利益で割ったもの。15倍以下だと割安だとされる。水準は業種によって異なるため、同業間の比較に利用できる指標

PBR（120ページ参照）
株価を1株当たり純資産で割ったもので、1倍以下が割安となる。PERと同様、同業他社との比較をする際に目安となる指標

当期純利益（118ページ参照）
企業の最終的な利益を表した数字。1株あたり純利益は投資の際の目安となる

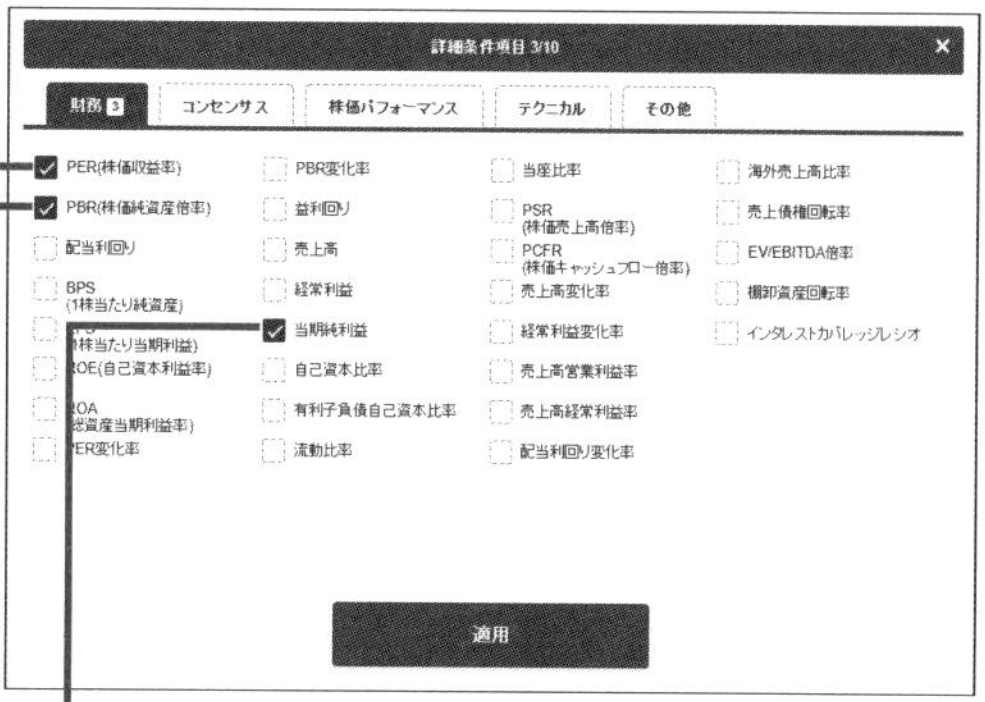

詳細条件はほかにもさまざまな項目で絞ることができます

向藤原

記念配当　○周年などの節目や企業の業績が好調だったときに配当を増額するときがある。特別配当とも

Q おすすめの高配当銘柄を教えて

A 非減配を続ける武田薬品工業や、増配を行うキヤノンなどがあります

ここでは、配当利回りが3％以上あり、今後のROE（124ページ参照）の向上も期待できる銘柄を3つ紹介します。ひとつ目は、国内大手の製薬会社である武田薬品工業（4502）です。年間180円の配当を15年維持しており、**過去30年以上減配を行っていません**。2024年3月期からは増配を予定しており、年間188円となる見込みです。

2つ目に挙げるのは、カメラや事務機器のメーカーとして知られるキヤノン（7751）です。予想配当額は年間140円、配当利回りは3・88％。2020年はコロナ禍の影響で大きな減配を行いましたが、**翌年2021年からは順調に増配しています**。

最後は、三井住友海上火災保険どの保険会社を傘下に持つMS&ADインシュアランスグループHD（8725）です。予想配当額は年間240円、配当利回りは4・36％。**10期以上連続で増配を続けており、2024年3月期にも増配の予定を発表しました**。

※2023年9月29日時点。PERやPBR、ROEはすべて連結決算の金額をもとに算出

おすすめの高配当銘柄の一例

武田薬品工業（4502）

〔月足　2018年９月～2023年９月〕

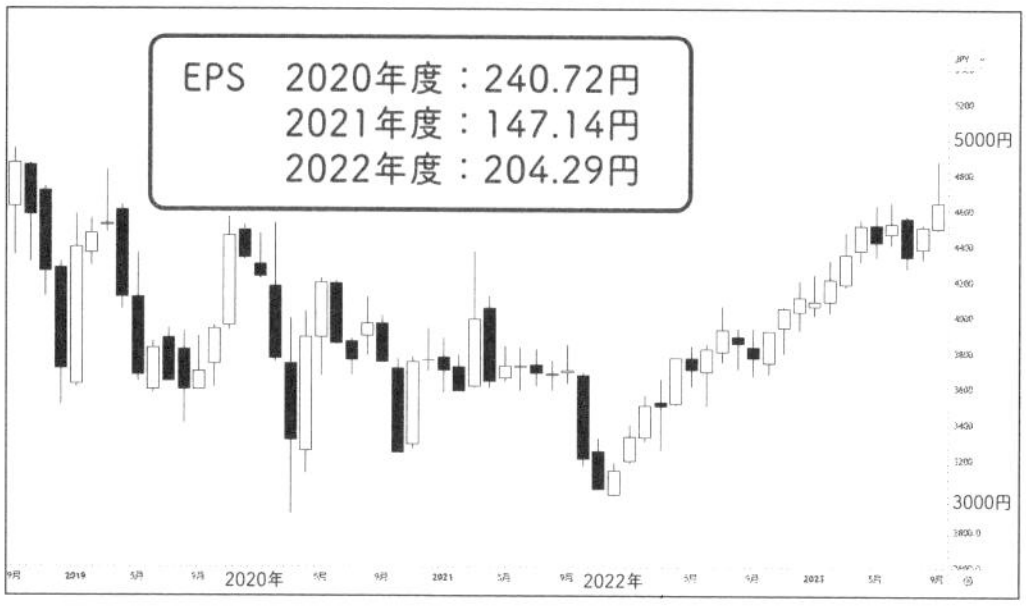

株価	4641円
配当利回り	4.05％
PER	51.2倍
PBR	1.05倍
ROE	5.27％

キヤノン（7751）

〔月足　2018年９月～2023年９月〕

株価	3605円
配当利回り	3.88％
PER	12.1倍
PBR	1.07倍
ROE	8.15％

MS＆ADインシュアランスグループHD（8725）

〔月足　2018年９月～2023年９月〕

株価	5495円
配当利回り	4.36％
PER	9.7倍
PBR	0.81倍
ROE	5.15％

Q 優待に必要な株数は課税口座とNISA口座で合算できるの？

A 課税口座の保有株数と合算することで配当や優待を受け取れます

NISA口座と課税口座（特定口座・一般口座）でそれぞれ株を保有していたとしても、同一名義であれば、合算できます。

例えば、株主優待を受けられる条件が「保有株数100株以上」で考えてみましょう。この銘柄をNISA口座で30株保有、別の課税口座で70株保有している場合（「単元未満株での購入」160ページ参照）、合算すると100株になるので、株主優待を受けられます。

配当金の場合でも同様です。1株につき10円の配当が配られる銘柄を、NISA口座で60株、別の課税口座で40株分持っていたとします。このとき、得られる配当金は、2つの口座で保有する株数を併せた100株×10円＝1000円です。

ただし、このときNISA口座の60株分の配当金は非課税、課税口座で持つ40株分は課税対象となります。そのため、**原則はNISA口座の非課税投資枠内で購入し、枠をオーバーしたときだけ課税口座で購入するとよいでしょう。**

配当・優待を受ける際は同一名義の口座の株数を合算できる

■100株以上の保有で株主優待を受け取れる銘柄の場合

NISA口座
30株

＋

課税口座
70株

＝

計100株

➡ 合算すれば合計100株となるため
株主優待を受けられる

同一名義の
口座であれば
合算可能です！

向藤原

■1株10円の配当金を受け取れる銘柄の場合

NISA口座
60株

＋

課税口座
40株

＝

計100株

60株×10円＝600円
非課税で受け取れる

40株×10株＝400円
課税されるが受け取れる

➡ 合算すれば合計100株となるため
100株分の配当を受け取れる

非課税となるの
はNISA口座の
分のみです

向藤原

Point!

NISAで単元未満株を買ってみて、
後から課税口座で買い足しても配当金や優待はもらえます

Q 外国株への投資で注意すべき点は？

A 取引単位の違いや株主優待がないなどがありますが将来性で選びましょう

国内株と外国株は、どちらともＮＩＳＡで投資することができますが、違いがあります。まず、購入単元です。

国内株は原則１００株を1単位として購入しますが、**外国株は1株から購入できる国があるため、少額でも銘柄を保有しやすく、分散投資にも向いているといえます。**

また、日本株の場合、景気の混乱を抑えるために値幅制限がありますが、アメリカや中国では、値幅制限がありません（ただし、価格が大きく変動したときに取引を一時中断する「サーキットブレーカー」の措置はある）。

これら以外の特徴として、日本株は「情報収集をしやすい」「株主優待が充実している」、外国株は「為替の影響を受けやすく、円安になれば値上がり、円高なら下落する」「株主優待制度がない」点が特徴として挙げられます。

いずれも、それぞれの国・企業の将来的な成長性に注目し、長期的な成長を見据えて運用することが大切です。

外国株の特徴

メリット

◎

- 米国株など、1株から購入できる国がある（日本株は基本的に1単元＝100株からしか購入できないことが多い）
- アメリカでは株主還元のために連続増配している企業が多い
- 高い経済成長を見込める国は株価上昇に期待ができる

デメリット

×

- 為替の影響を受ける（円高のときに利益が目減りする）
- ストップ高・ストップ安のない国がある※
- 情報収集を行いづらい
- 株主優待がない
- 配当金・分配金で税金を払う必要がでてくる（140ページ参照）

※アメリカなどでは､｢サーキットブレーカー｣という､価格が大きく変動したときに取引を一時中断する措置を取る

為替レートの変動による影響の例

為替レート	運用益	日本円へ換算した際の額
1ドル＝120円	10万ドル	1200万円
1ドル＝100円	10万ドル	1000万円
1ドル＝80円	10万ドル	800万円

- アメリカなど成長している企業に投資したい
- 為替リスクも受け入れて投資ができる

→ **外国株**への投資

- 株主優待を受け取りながらじっくり保有したい！
- 情報収集しやすい企業に投資したい

→ **日本株**への投資

Point!

外国株へ投資する場合、為替のリスクを承知したうえで、それ以上の利益に期待できる銘柄に投資しましょう

Q 外国株やETFはNISAでも税金がかかると聞いたけど本当？

A 分配金・配当金に対しては投資先の国の所得税がかかります

NISAで、外国株を購入することができますが、投資先の国の税金はかかります。

通常の株式投資では、外国と日本での二重課税を防ぐため、所得税において外国税額控除が利用できます。

しかし、**NISAを利用した投資では、日本の所得税は非課税となるため、二重課税とならず、外国税額控除が使えません**。

例えば、米国株をNISAで購入すると、その配当金や分配金には日本の税金がかかりませんが、米国の税金10％を払う必要があります。

外国株は、国内株よりも大きな利益を期待できるといわれているため人気が高いですが、NISAを使っても配当金に10％の税金がかかる点はあらかじめ留意しておきましょう。

これは、海外ETFで得られる分配金に関しても同様です。日本のETFの分配金は非課税ですが、アメリカのETFの分配金には10％の税金がかかります。

外国税額控除　外国ETFの分配金には、海外・日本から二重で課税される。この二重課税を避けるため、確定申告を行うことで一定額の控除ができる

外国株式や外国のETFを買ったときの課税フロー

米国株・ETFの配当金・分配金

10万円

アメリカから10％の課税
10万円－10％（1万円）＝9万円

※1　運用益にはアメリカの税はかからず、日本の税のみがかかる

NISA利用
日本でかかる分は非課税
9万円－0円＝9万円

NISA非利用
日本から20.315％の課税
9万円－1万8283円
＝7万1717円

※2　アメリカの税が引かれた後の額に対して20.315％の税がかかる

確定申告を行うと、外国からの課税を回避する「外国税額控除」を受けられる

さらに知りたい

外国税額控除とは

二重課税を回避できる制度。日本での課税のみになり、外国でかかった税額は後から還付される。確定申告の際、配当金の受け取りの特定の方法に選択すると受けられる

Point!

課税口座でも控除を受けることはできますが、結果的にはNISA口座のほうがかかる税額小さくなります

Q 外国株は日本円で売買できるの？

A 日本円で売買できますが為替レートに注意が必要です

外国株の売買方法は、円貨決済と外貨決済との2種類があります（一部除く）。

円貨決済は、日本円で外国株を買うことです。円から外国の通貨への両替は不要であり、証券会社の翌営業日の為替レートが確定してはじめて購入金額がわかります。

一方、外貨決済は、投資家自身が日本円を米ドルに両替した後に外国株を買うことです。両替の手間がありますが、円貨決済よりも為替手数料が安い場合が多いです。

外国株を売買する際には、為替リスクに気をつける必要があります。為替リスクとは、円高・円安といった為替レートの変動により、利益や損失の額が変わることです。

購入時と比べて売却時に円高だった場合、株価が上がっていても、為替損失が、運用益を超えることにもなりかねません。

そのため、外国株の売買は、**企業の業績だけでなく、為替レート、さらにその要因となる世界やその国の動き把握することも必要です**。

円貨決済と外貨決済の違い

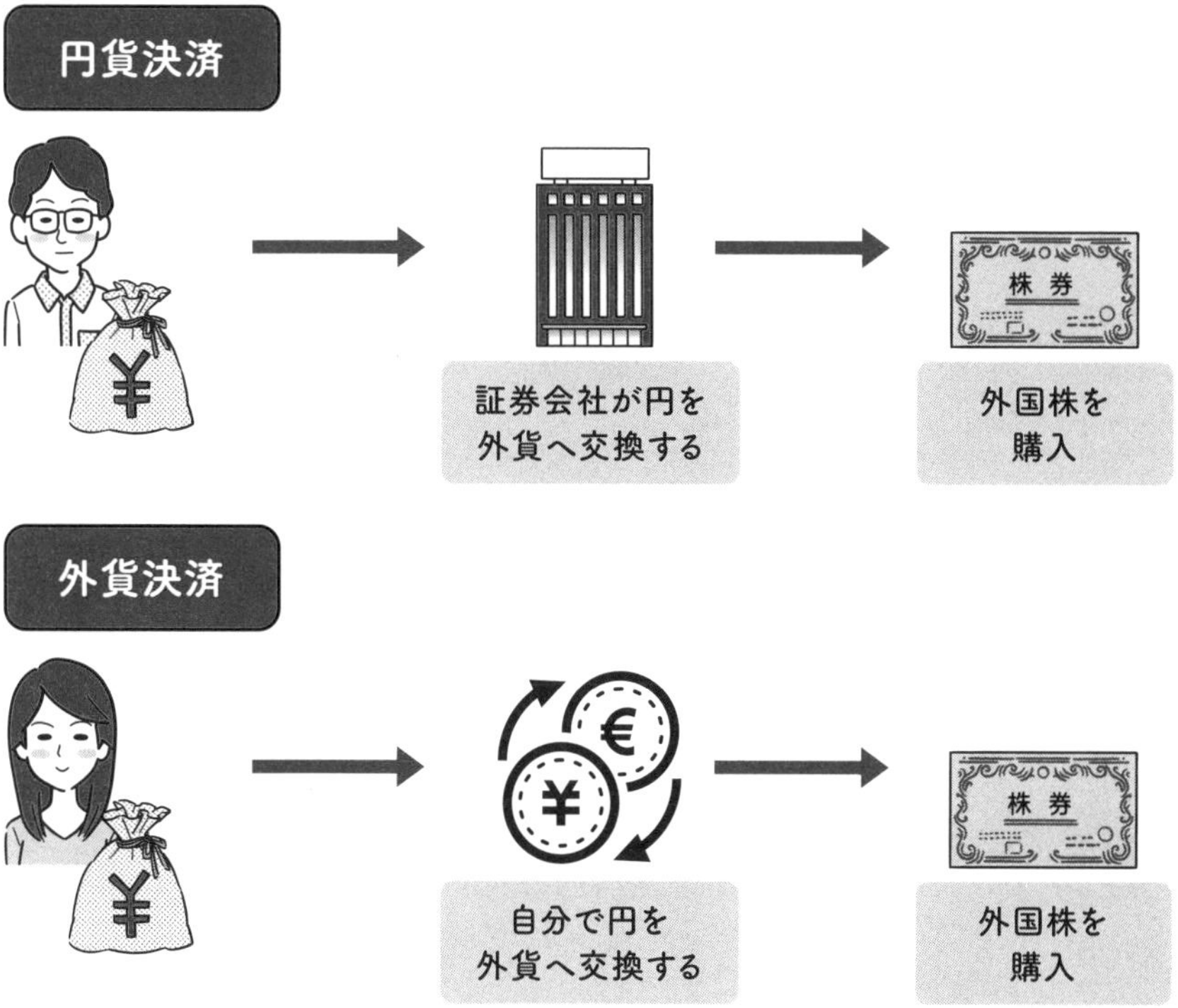

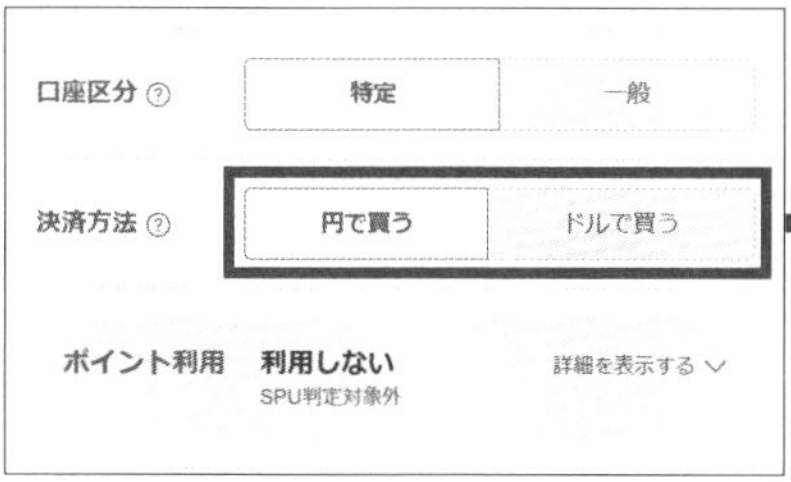

出所：楽天証券

円貨決済・外貨決済を選択できる

注文時に円貨決済・外貨決済を選択できる欄がある。左の画像は、楽天証券における米国株の注文画面の一部

Point!

円貨決済が一般的な決済方法であり、売買時は為替レートを確認しておくとよいでしょう

Q アメリカ以外の外国の株はNISAで買えるの？

A 証券会社ごとに取り扱う国は異なりますが、アセアン株などが購入できます

NISA口座で米国株式以外の外国株式を取り扱っている証券会社があります。**証券会社によって取り扱っている国が異なります**。ここでは、米国株以外の銘柄を取り扱う証券会社を3つ紹介します。

●SBI証券

中国株、韓国株、ロシア株（注文停止中）、アセアン株を取り扱っており、投資先が豊富。

●マネックス証券

米国株のほか、中国株も取り扱っており、中国株は2600銘柄以上と、ほかの証券会社より豊富に扱っています。

●楽天証券

中国株、アセアン株を取り扱っています。中国株の取り扱い銘柄数は約1750銘柄と、マネックス証券よりやや低いですが、マネックス証券では扱っていないアセアン株を取り揃えています。

アセアン株　東南アジア諸国連合（アセアン）に加入している国の株。タイ、インドネシア、マレーシア、シンガポールなど

米国株以外の銘柄を扱う証券会社

SBI証券

投資できる国	
中国株	約1300銘柄
韓国株	約70銘柄
ロシア株	約30銘柄※
アセアン株	約540銘柄

インドネシア、シンガポール、タイ、マレーシア、ベトナム

購入時の手数料	約定代金の0.286 ～ 2.2％（国によって手数料が異なる）
売却時の手数料	約定代金の0.286 ～ 2.2％（国によって手数料が異なる）

※2023年９月時点では注文を停止中

マネックス証券

投資できる国	
中国株	約2600銘柄

中国株の銘柄数が最も多い

購入時の手数料	約定代金の0.275％ NISA口座では約定日の翌月末までにキャッシュバックされるため実質無料
売却時の手数料	約定金額の0.275%

楽天証券

投資できる国	
中国株	約1750銘柄
アセアン株	約250銘柄

インドネシア、シンガポール、タイ、マレーシア

購入時の手数料	約定代金の0.275 ～ 1.1％（国によって手数料が異なる）
売却時の手数料	約定代金の0.275 ～ 1.1％（国によって手数料が異なる）

Point!

証券会社によって扱っている国や銘柄数が異なります

※2023年9月時点での銘柄数

ETF

Q つみたて投資枠か成長投資枠 ETFはどちらで買うのがいい？

A 商品数が多く、高配当のETFを選択できる成長投資枠での投資がおすすめです

ETFとは、株式市場に上場している投資信託のことです（50ページ参照）。ETFの利点は、株と同様リアルタイムで、価格の変動を見ながら売買できる点です。この特徴を活用すれば、価格が下がったときを見はからって購入できます。

また、つみたてNISAやつみたて投資枠で購入できるETFは限られています。**ETFの購入は、高配当株ETFなどの品揃えも豊富な成長投資枠がよいでしょう**。いずれにしても、「長期的に成長できる銘柄を、長く持ち続ける」という前提は変わりません。配当を受け取りキャッシュフローをよくしながら、長期保有で価格の上昇を狙うことも可能です。

ちなみに、つみたてNISAやつみたて投資枠で購入する場合、投資信託とは違い**1口ごとに購入されます**。そのため、「毎月1万円分だけを購入」と金額を指定しても、きっちり1万円分購入されるわけではなく、指定された金額に近い口数が自動で購入されます。

ETFの購入方法の違いによるメリット・デメリット

成長投資枠
（または一般NISA）

- 価格が下がった高配当ETFなどをタイミングを狙って購入できる
- つみたて投資枠（つみたてNISA）に比べて、購入できる商品数が豊富

↓

成長投資枠での購入のほうがメリットが大きい

つみたて投資枠
（またはつみたてNISA）

- 商品数が限定されている（2023年9月時点では9本）
- 定額での購入ではなく1口単位での購入となる

秋山

［VT　週足　2020年2月～2023年9月］

Point!

ETFはより豊富な商品を選択できる成長投資枠で投資するほうがいいでしょう

ETF

Q

ETFの「市場価格」と「基準価額」の違いは何？

A

株式市場での価値が「市場価格」、投資信託そのものの価値が「基準価額」です

「市場価格」とは、証券取引所などの市場での売買により決まる価格のことをさします。株価と同様に、市場で取引されるごとに変動し続けます。証券会社やYahoo!ファイナンスなどで遂次確認できます。「基準価額」とは、投資信託の単価のことを意味します（92ページ参照）。投資信託が保有する純資産総額を購入口数で割って算出されます。基準価額は市場価格と異なり、その値段は1日に一度、終値などをもとにして20時ごろに運用会社のウェブサイトなどで公表されます。

投資信託の売買は基本的に基準価額によっておこなわれますが、**上場投資信託（ＥＴＦ）の売買は株式市場の市場価格で取引されます**。このとき、基準価額は使われないため、売買時は原則市場価格に注目するだけで問題ありません。しかし、2つの価格を比べることでETFが基準価額に対して買われすぎているのか、売られすぎているのかという市場判断の材料にすることも可能です。

基準価額と市場価格の決まり方

基準価額 ＝ 純資産総額 ／ 購入口数

1日につきひとつの
価額が決まる

市場価格 ＝ 需給関係に
沿って実際に
取引されている価格

需給に応じて
リアルタイムに変動する

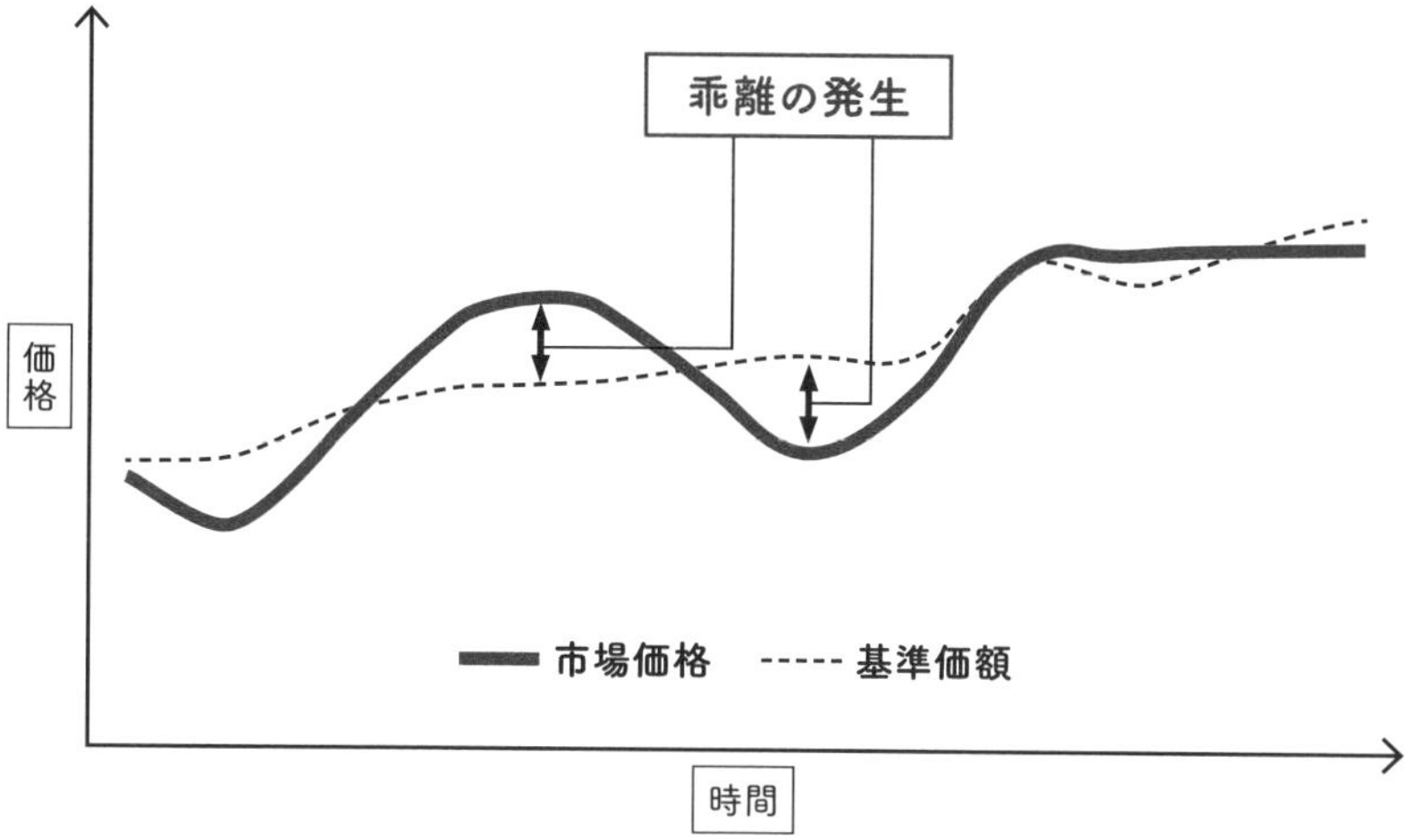

Point!

ETFは基本的に市場価格で取引されます。
基準価額は、銘柄選びの参考にするとよいでしょう

ETF

Q NISAで買うべきETF銘柄の選び方を教えて

A 銘柄の「乖離率」を参照しましょう

ＥＴＦも投資信託の一種ですので、運用商品や信託報酬などのコストは確認すべき点です。そのほかに見るべき点としては、「乖離率」が挙げられます。

１４８ページでも解説した通り、「乖離率」は、市場価格が基準価額とどれだけ離れているかを示す数値です。例えば、市場価格が基準価額より下の状態が続く場合、商品の価値（基準価額）より低い値段で売買されており、不人気な銘柄だと考えられます。

乖離率は0%に近いほど理想的です。

乖離率は、証券会社のランキングページなどで確認できます。また、左図では東証が運営するサイト「東証マネ部！」での銘柄検索ページにおける乖離率の確認方法です。

このサイトでは、ＥＴＦを一覧で表示でき、純資産総額や信託報酬と併せて乖離率を確認できます。こうしたサイトを活用しながら、条件に合う銘柄を探すとよいでしょう。

乖離率 ここでは、ETFの基準価額と市場価格がどれだけ離れたかを表す数値を指す。（終値－基準価額）÷基準価額で算出される

乖離率の確認手順

乖離率の確認方法

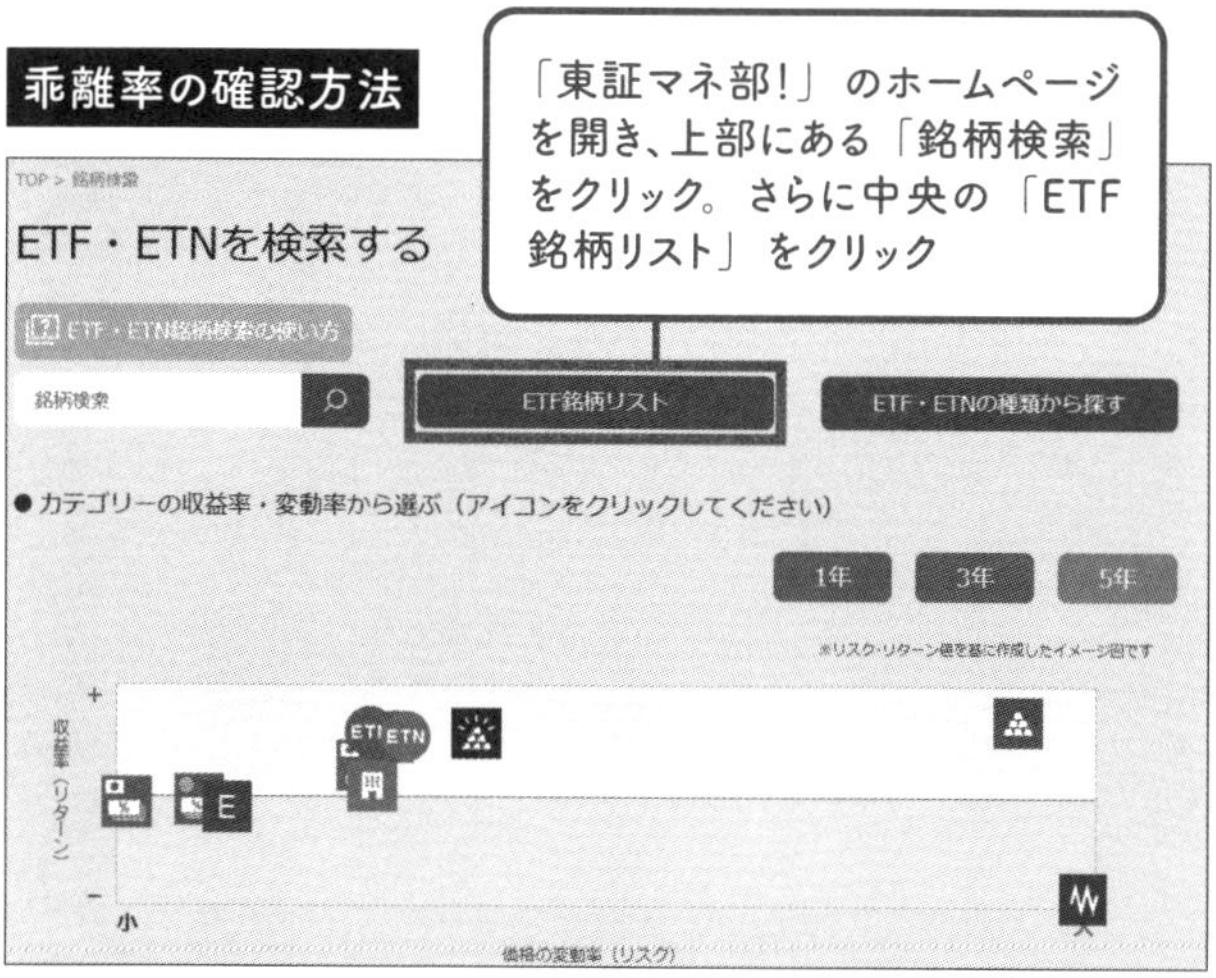

秋山

東証が運営するサイト「東証マネ部!」の銘柄検索ページ（https://money-bu-jpx.com/sear

コード	銘柄名	種類	指数名/ベンチマーク	管理会社	最低買付金額(円)	純資産総額(億円)	信託報酬	分配金利回り	乖離率	マーケットメイク	新しいNISA
1305	iFreeETF TOPIX（年1回決算型）	国内株ETF	TOPIX	大和アセットマネジメント	24,855	88,264	0.066%（税込）	2.13%	-0.13%	あり	対象
1306	NEXT FUNDS TOPIX連動型上場投信	国内株ETF	TOPIX	野村アセットマネジメント	24,590	193,118.3	0.0628%（税込）	2.11%	-0.12%	あり	対象
1308	上場インデックスファンドTOPIX	国内株ETF	TOPIX	日興アセットマネジメント	2,431	89,456.8	0.062%（税込）	2.12%	-0.09%	あり	
1309	NEXT FUNDS ChinaAMC・中国株式・上証50連動型上場投信	[illegible]	[illegible]	[illegible]	[illegible]	[illegible]	0.93%（税込）	0.00%	-1.81%		対象
1311	NEXT FUNDS TOPIX Core 30連動型上場投信	[illegible]	[illegible]	[illegible]	[illegible]	[illegible]	0.209%（税込）	1.52%	0.06%	あり	対象
1319	NEXT FUNDS 日経300株価指数連動型上場投信	国内株ETF	日経300	野村アセットマネジメント	405,400	34.5	0.5555%（税込）	2.14%	-13.6%	あり	対象
1320	iFreeETF 日経225（年1回決算型）	国内株ETF	日経平均株価	大和アセットマネジメント	33,810	40,375.2	0.132%（税込）	1.76%	-0.14%	あり	対象

「乖離率」の欄に注目

銘柄ごとに、ベンチマークや管理会社、最低買付金額などと併せて乖離率が記載されている

秋山

Point!

ETF銘柄リストを参考にし、乖離率が小さな銘柄を選びましょう

REIT

Q REITはどこを見ていいか悪いか判断すべき？

A REITに用いられる指標を参考にするとよいでしょう

REITとは、日本語で「不動産投資信託」と呼ばれる金融商品です。複数の投資家から集めた資金で商業施設やマンションなどの不動産が購入され、その賃貸収入・売却益が投資家に分配されます。安いものでは10万円程の少額で投資ができるだけでなく、過去10年間のJ-REITの利回りはおおむね3～4%といった高水準で推移している点も魅力です。

ただし、災害による価格変動や投資法人の倒産による上場廃止のリスクがあります。REITの規模や安全性を示す指標として、**REITの安定的な運用が可能かどうかを第三者機関が評価した「格付け」や、REITの価格が一口あたり純資産の何倍かを示す「NAV倍率」、価格×発行口数の「時価総額」などがあります。**

格付けはAAA～Cランクに分かれており、AAAに近いほど安全で収益性が高いとされ、NAV倍率は1・0未満が割安だとされています。

時価総額　「株価×発行済株式数」で計算される数値のことであり、企業の価値や規模を評価する指標のひとつ

REITを選ぶ基準になる格付け・NAV倍率の確認方法

格付け（日本格付研究所の場合）

ランク	銘柄例
AAA	なし
AA＋	日本プロロジスリート投資法人
AA	イオンリート投資法人
AA－	NTT都市開発リート投資法人
A＋	日本リート投資法人

出所：日本格付研究所ホームページ

安心できるところに投資したい！

NAV倍率

$$\text{NAV倍率} = \frac{\text{REITの時価総額}}{\text{1口あたりの純資産}}$$

不動産投資信託（REIT）取扱銘柄一覧　取引所株価：20分ディレイ

ご利用方法・データの定義はこちら

チャート表示：Off On

取扱銘柄　株価更新

ページ 1/2　1-50件/60件中　次へ→

銘柄コード▲	銘柄名	現在値 出来高	前日比 (%)	予想分配金利回り	NAV(百万円) NAV倍率	決算月	運用資産カテゴリ	不動産ポートフォリオ	取引
2971	エスコンジャパンリート投資法人 投資証券	117,300 (527)	-900 -0.76%	5.25	41,466 (1.00)	1月 7月	総合型		現買 信買 信売

出所：SBI証券

1.0未満だと比較的割安です

秋山

Point!

格付けは格付け企業、NAV倍率は証券取引所のホームページ上で確認することができます

Q 時間外取引ってNISAでもできるの？

A 楽天証券、SBI証券、松井証券の3社で売買できます

原則、株式投資は証券取引所が開いている時間しか売買することができませんが（108ページ参照）、各証券会社の私設取引システム（PTS）や立会外取引を使うことで、早朝や夜中に売買することができます。

PTSに対応する証券会社は楽天、松井、SBIの3つですが、いずれでも一般NISAでの時間外取引が可能です。証券会社によって売買できる時間帯は異なり、SBI証券では8時20分～16時と16時30分～23時59分の間、楽天証券では8時20分～16時と17時～23時59分の間、松井証券では8時20分～15時30分と17時～翌2時の間です。

ただし、通常の株式投資に比べて参加者が少なく、**流動性が低いため、希望の注文が約定しない可能性がある点は留意しましょう。**

また、2023年9月時点では各証券会社が成長投資枠においてもPTS取引を行えるかは明確に発表していませんが、成長投資枠でも利用できる可能性は高いといえます。

立会外取引　証券取引所の通常取引時間外に行われる取引のこと

証券会社3社のPTS取引の対応時間

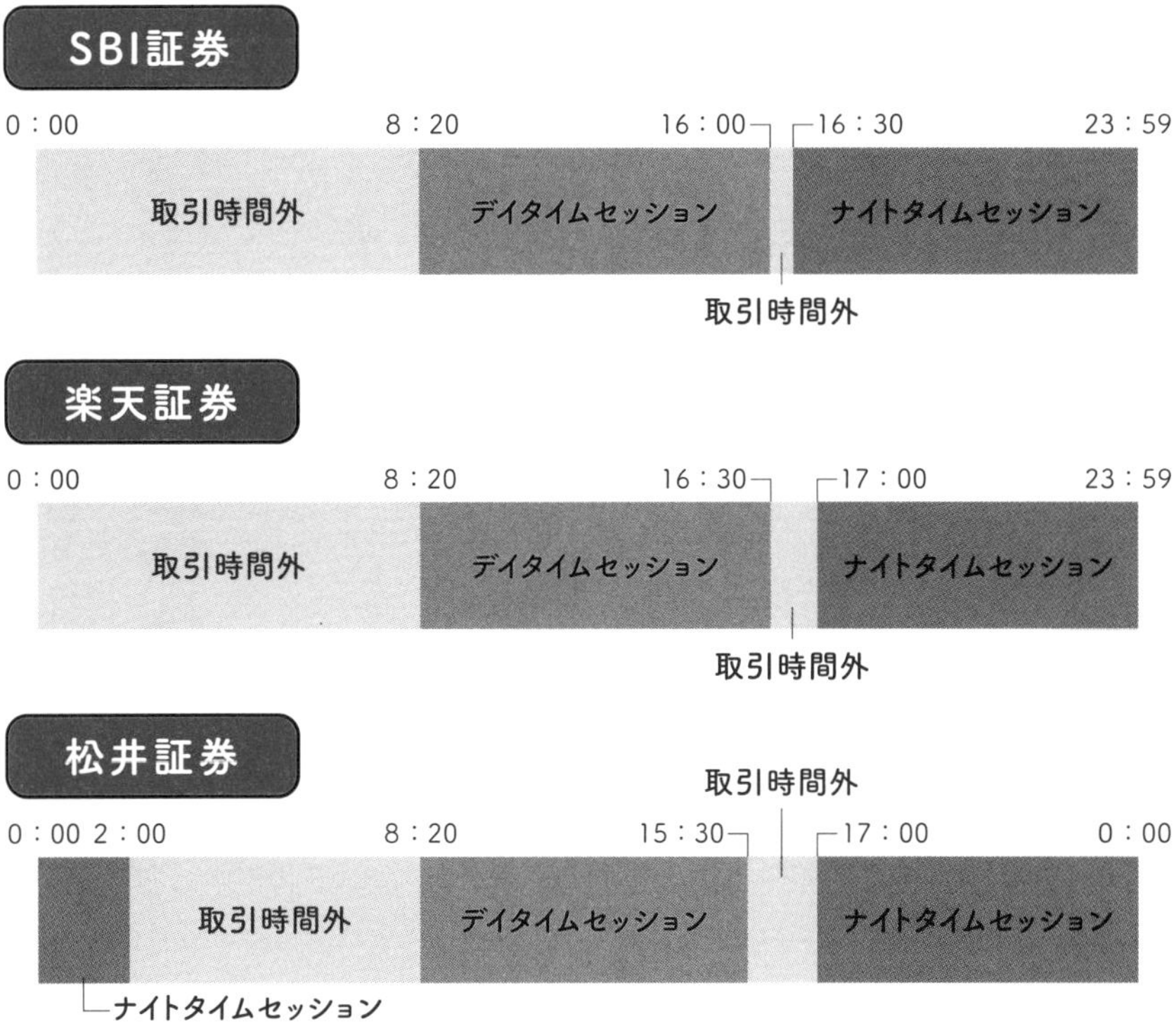

参加者が少ない

日中の立会時間に比べて参加者が少なく、流動性が低いというデメリットがあります

↓

希望の条件で約定しないケースがある

Point!

2023年9月時点では、新しいNISAの成長投資枠でもPTS取引を行える可能性が高いといえます

Q NISAでもIPOやPOに投資できる？

A IPOやPOに応募して投資することができます

ＩＰＯ（新規公開株）とは、非上場だった企業が上場し、誰でも株式の売買を行えることを意味します。上場後は株価が大きく上がることが多いため、上場前に購入しておき、上場後に売却することで利益を狙えます。ＰＯ（公募増資）は、上場企業が資金調達のために株式を発行して投資家に買い付させるものであり、割安な価格で購入できる可能性があります。

この2つはどちらも抽選に当選した人が購入権を与えられます。また、この２つはＮＩＳＡで購入することが可能です。ＩＰＯ・ＰＯのどちらも、口座区分でＮＩＳＡを選択することで、ＮＩＳＡ口座で抽選に参加できます。

また、ＩＰＯで中心的にサポート業務を行う証券会社を「主幹事」と呼びます。主幹事になる証券会社には多くの株数を割り当てられやすいため、ＩＰＯを行う際は主幹事の証券会社で応募するとよいですが、ＮＩＳＡ口座はひとり１口座しか持てません。

NISAにおけるIPO・POの手順と注意点

＼ STEP 1 ／

IPO・POに応募

IPOやPOの募集情報は、各証券会社が発表しています。既定の期間内に抽選の応募を行いましょう。

向藤原
応募・注文時、口座区分は「NISA」を選択！

＼ STEP 2 ／

抽選結果の発表

当選後、「購入の意思表示」の手続きを行ってはじめて購入が完了する。落選した場合は購入できない

＼ STEP 3 ／

上場日に売却を狙う

上場後にはじめて付いた株価（初値）は購入価格より高ければ利益を得ることができるが、不人気な銘柄は初値が購入価格より下がる「公募割れ」が起きることもある

IPO・POの注意点

- 人気の銘柄は抽選の倍率が高く、落選することもある
- IPOの場合、人気のない銘柄は公募割れが発生するケースもある
- 購入できる株数に制限がある

絶対に儲かるわけではないのか

Point!

NISA口座でもIPO・PO投資は行えますが、いずれも注意点を踏まえたうえで行いましょう

公募割れ　証券会社が株式公開時に設定した公募価格を下回って値がつくこと

Q NISAでも信用取引は使えるの？

A NISA口座では信用取引はできません。信用取引口座が必要で、別扱いになります

信用取引では現金や上場株式を担保にして証券会社に預けることで、その約3・3倍までの金額で取引ができる制度です。

NISA口座では信用取引を行うことはできません。

信用取引を行うには「信用取引口座」が必要になり、その信用取引口座内の資金を使うことになります。この口座はNISA口座とは別物のため、NISA口座で信用取引を行うことはできないのです。もちろん、NISA口座で購入した株についても、信用取引の代用有価証券として利用することはできません。

そもそも、資産形成のために信用取引を使うのはリスクが大きく、おすすめできません。前述した「資金の3・3倍までの金額で取引できる」点はメリットですが、**裏を返せば損失を出したとき、損失も3・3倍になってしまいます。**こうした点から、NISA口座以外であっても、資産形成の際には信用取引の使用を控えたほうがよいでしょう。

代用有価証券
信用取引を行う際、証券会社に担保として現金（委託保証金）ではなく株などの有価証券を預けることができる。このときの有価証券を「代用有価証券」と呼ぶ

信用取引における口座の種類の違い

信用取引口座

信用取引を行うために開設が必要な口座。一般口座や特定口座、NISA口座とは別に開設する必要がある

NISA口座

非課税で投資・運用ができる口座。一般口座や特定口座とはに開設する必要がある

↓

口座の種類が異なるため、
NISA口座で信用取引は行えない

信用取引のメリットとデメリット

メリット

- 最大3.3倍までの資金を借りる「レバレッジ」を使える
- 空売りができる

デメリット

- レバレッジをかけて損失を出した場合は損失が膨らむ
- 証券会社から借りた現金や株には返済期限がある場合がある
- 貸株料や逆日歩といったコストがかかる

損失リスクが大きすぎるため資産形成には向いていない

➡ **将来的な資産形成を考えるならリスクはとるべきはない**

Point!

NISA口座では信用取引は使えません。
リスクの観点からおすすめできません

Q NISAでも100株未満で投資できる？

A NISAで単元未満株は購入できます

通常、株式投資では100株を1単元として取引がされていますが、「単元未満株」という、100株より少ない1株単位で投資できる株式があります。単元未満株はNISAでも運用できるため、**少額で複数の銘柄へ分散投資したり、余った非課税枠を埋めたりできます**。

すべての証券会社がNISA対応の単元未満株を取り扱うわけではありませんが、例えば楽天証券は「かぶミニ」という名称で、SBI証券では「S株」という名称で扱っており、それぞれNISAに対応しています。

また、単元未満株でリアルタイムな売買はできないことがあります（楽天証券では可能）。手数料が通常の株式投資と比べて割高になっていることもあるため、「注文可能時間・約定のタイミング」「手数料」は確認しましょう。

Point!

単元未満株を使うと資金力が小さい人でも少額で株式投資を行えます

第4章

iDeCoでの投資のつまづきをなくす

老後の資金形成を目的とした私的年金制度のiDeCo。どうやって始めればいいのか、お金に困ったときは途中で中断できるのか、転職・退職したときはどうするべきなのかなど、iDeCoにまつわる疑問を解消します。

iDeCoでかしこく
資産形成!

向藤原 寛

Q iDeCoはどうやって始めるの？

A 「加入申出書」に必要事項を記入して所定の金融機関に提出します

まず、iDeCoの口座を開設する金融機関と掛金額を決めましょう※。金融機関は銀行や証券・保険会社などがありますが、証券会社は取扱商品が多く、始めるならば証券会社がよいでしょう。事前に、インターネットでの利用を前提に、取引がスムースにできるか、希望の商品を購入できるかなどを基準に探しておきましょう（198ページ参照）。

金融機関を決めたら、金融機関のコールセンターやウェブサイトから資料請求を申し込みましょう。「加入申出書」という書類が届くので、必要事項を記入して提出します。

iDeCoの実施主体である国民年金基金連合会（国基連）の審査が通れば、**申し込みから約1～2カ月で口座開設完了の書類が届きます**。書類に加入者の口座番号やパスワードが記載されているので、サイト上で口座にログインし、掛金など投資配分を設定しましょう。加入手数料が2829円、初回の掛金から差し引かれます。

※2024年12月から、公務員（公務員等共済加入者）や厚生年金基金、DBを導入している企業に勤める人などの掛金拠出限度額が1万2000円から2万円に引き上げられる

iDeCoの口座開設手順（楽天証券の場合）

＼ STEP 1 ／

金融機関への資料請求

開設を希望する金融機関のホームページやコールセンターから請求を行う

＼ STEP 2 ／

書類を記入・返送

書類に名前、住所のほか、口座名義人、登録事業所名称、他年金の加入状況を記入。会社員・共済組合員の場合、「事業主の証明書」を勤務先に記入してもらい、内容を転記（2024年12月からは廃止となり、この手続きは不要となる予定）。掛金は毎月5000円から、1000円単位で設定可能

＼ STEP 3 ／

口座開設完了の書類が到着

国基連による審査が終わると、「個人型年金加入確認通知書」「口座開設のお知らせ」「パスワード設定のお知らせ」などの書類が到着する。

申し込みから開設完了まで約1～2カ月かかる

＼ STEP 4 ／

掛金の配分指定

JIS＆T社専用サイトへログインし、どの商品を毎月何円分買うかの割合（1％刻み）を決める（配分指定）。配分指定には期限があるため（楽天証券では最長4カ月）、速やかに申し込む

＼ STEP 5 ／

掛金の引落し

掛金は、毎月26日（土日祝日の場合は翌営業日）に指定の金融機関から引落しされる。また、配分指定した商品は掛金引落日から13営業日目に発注される

初回引き落としの際
加入手数料が2829円かかる

JIS&T　日本インベスター・ソリューション・アンド・テクノロジーの略。確定拠出年金の記録関連業務を行う企業。掛金の配分などを行う際はJIS＆Tのサイトを利用する

Q

iDeCoを使った際の節税額と控除に関する注意点を知りたい

A

ほかに控除を受けていればiDeCoのメリットが減る点と、受け取り時の税制優遇に上限がある点です

iDeCoには「運用益が非課税」「掛金が所得控除される」「受け取り時に税制優遇を受けられる」という3つの節税メリットがあります。仮に、配偶者有、年収500万円の会社員（企業年金なし）が40歳～65歳までの25年間、毎月1万円ずつ拠出し、年利3％で運用したケースを考えてみましょう。25年間積み立てを行った結果、資産は合計約443万円となりました。このとき、1年間の所得税・住民税は1万8100円、25年で約45万円軽減できます。

ただし、**iDeCoのほかに所得控除や税額控除を受けていればiDeCoの節税効果が薄れることがあります**（166ページ参照）。

また、受け取り時の税制優遇は、資産を一括で受け取る一時金の場合に「退職所得控除」、資産を分割で受け取る年金の場合に「公的年金等控除」が適用されます（左図下段）。前述のケースでは、積み立てた資産を一時金で受け取った場合、1150万円まで非課税、つまり全額非課税で受け取ることができます。

所得控除　所得税の金額を算出する際に、所得から一定の金額を差し引くこと。所得控除が多いほど、課税対象となる所得（課税所得）が少なくなり、節税につながる

控除を受ける際の注意点と資産を受け取る際の計算方法

所得控除の注意点

掛金が全額所得控除の対象となるため、拠出をしている間は所得税・住民税の節税につながる

ただし、ほかに所得控除や税額控除を受けていれば、一時的にiDeCoの節税効果が薄れることがある（166ページ参照）

所得控除
扶養控除、特定扶養控除、医療費控除など

税額控除
住宅ローン控除、ふるさと納税

受け取り時の税制優遇の計算方法

退職所得控除　iDeCoで運用した資産を一時金で受け取る際、その一時金に対して勤務年数に応じて適用される（182ページ参照）

勤続年数（①）	退職所得控除額（②）
20年超	70万円×（①－20年）＋800万円
20年以下	40万円×①※

※80万円に満たない場合は80万円として計算する

公的年金等控除　資産を年金で受け取ったときに適用される

年金等の収入の合計（③）	公的年金等控除額	
	65歳未満	65歳以上
130万円以下	60万円	110万円
130万円超～330万円以下	③×25％＋27.5万円	110万円
330万円超～410万円以下	③×25％＋27.5万円	③×25％＋27.5万円
410万円超～770万円以下	③×15％＋68.5万円	③×15％＋68.5万円
770万円超～1000万円以下	③×5％＋145.5万円	③×5％＋145.5万円
1000万円超	195.5万円	195.5万円

税額控除　算出された税額から一定の金額を差し引くこと。住宅ローン控除やふるさと納税は税額控除の対象。iDeCoの掛金は全額所得控除の対象だが、税額控除はできない

Q

iDeCoのメリットを受けづらい人はいる?

A 専業主婦（夫）や住宅ローン控除を受けている人で所得税がない場合は所得控除のメリットがありません

iDeCoの掛金は所得控除の対象となりますが、専業主婦（夫）で収入がない場合は所得税がかかりません。また、パートをしても年間の収入が103万円以下であれば所得税がかからないため、高収入の人に比べてiDeCoのメリットは少ないといえます。

住宅ローン控除を利用している人もメリットが少なくなるケースがあります。住宅ローン控除とは、住宅ローンを借りてマイホームを購入・リフォームした人が受けられる控除です。

住宅ローン控除によって所得税が非課税になっていれば、iDeCoの所得税控除のメリットを十分活かせません。仮に、共働きの夫婦で夫が住宅ローン控除を受けている場合、**妻がiDeCoに加入して所得控除を受ければ、家計全体での税額を抑え、iDeCoのメリットを活かせます**。また、iDeCoは住民税の節税効果もあります。住宅ローン控除を使っても住民税が発生する人は多いため、住民税対策にiDeCoを利用するのもよいでしょう。

住宅ローン控除　住宅ローンを借りてマイホームを購入・リフォームした人が受けられる控除。2023年であれば、年末のローン残高の0.7％を所得税から控除できる

所得控除のメリットを受けづらい人

専業主婦（夫）

・パート・アルバイトをしていない人
・収入が年間103万円に達しない人

所得税がかからない
所得税が発生しないため、所得控除を受けてもメリットがない

こんな人は加入を検討

・自分名義で退職金・年金が形成したい人
・今後パートなどで働く予定のある人
・103万円以上の収入があり、所得税が発生している人

住宅ローン控除を受けている人

・住宅ローン控除を受けていることで所得税が0円になっている人

所得税がかからない
所得税が発生しないため、所得控除を受けてもメリットがない

こんな人は加入を検討

・住宅ローンを受けていても、将来的に所得税の支払いが発生する人
・住民税の支払いがあり、その負担を軽減したい人
・老後の資金が必要な人

Point!

所得控除のメリットを得られなくても、ほかのメリットが受けられるなら加入してもよいでしょう

Q

iDeCoは掛金の減額や拠出の停止をできるの？

A

減額・停止は行えますが、拠出を停止するとiDeCoのメリットが減少します

iDeCoは原則、一度加入すれば途中でやめられず、受け取りを開始するまで資産は引き出せません。しかし、途中で家計に余裕がなくなり、拠出を続けることが難しくなることも起こり得ます。こうしたときは、掛金の減額を検討しましょう。

掛金は、最低5000円から1000円単位で変更できます。証券会社が毎月設定する締め日（毎月中旬ごろ）までに手続きが受領されると、翌月の引き落としから変更後の金額が反映されます。毎年1～12月の間、1回のみ変更可能です。

毎月5000円の拠出が厳しい場合、金融機関に「加入者資格喪失届」を出すことで拠出を停止できます。拠出を停止して運用のみ行う人は「運用指図者」と呼ばれます。**運用指図者になっても、最低66円の手数料が毎月かかるうえ、拠出による所得控除が受けられなくなる**ため、拠出の停止は最終手段と考え、まずは減額から検討しましょう。

拠出の継続が難しくなったときの対応

掛金の減額

毎月中旬の締切日までに金融機関に変更届を提出することで、翌年1月の引き落から掛金を変更できる

1万円
↓
9000円
⋮
5000円

1000円単位で調整が可能

掛金は最低でも5000円必要

減額から始めて様子見を行いましょう

向藤原

拠出の停止（運用のみ）

金融機関に「加入者資格喪失届」を提出することで運用指図者（運用のみ行う人）となり、拠出を停止できる

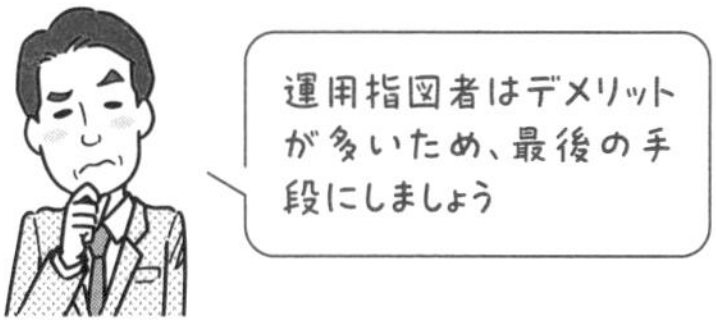
運用指図者はデメリットが多いため、最後の手段にしましょう

向藤原

運用指図者になることのデメリット

- 最低66円の手数料が毎月かかる
- 拠出による所得控除が受けられなくなる
- 運用指図者の期間はiDeCoの加入期間にカウントされない

Point!

家計が苦しくなった際は掛金の減額から検討し、それでも拠出が難しい場合のみ拠出を停止しましょう

Q iDeCoの加入者が途中で死亡してしまったらどうなるの？

A 遺族が請求することで積み立てた資産を一時金として受け取ることができます

加入者が資産を受け取る前に死亡した場合、請求の手続きを踏むことで遺族が資産を受け取れます。請求先は、iDeCoの記録管理を行う「記録関連運営管理機関」で、加入者に定期的に送られる「年金資産の残高の通知」に連絡先が記載されています。

通常、iDeCoの資産は「一時金として一括で受け取るか」「年金として複数回に分けて受け取るか」「一時金と年金を併用するか」を選択できますが、加入者の死亡した場合は一時金のみの受け取りとなります。また、価格は売却時の時価です。

死亡後3年以内に支払いが確定すれば「500万円×法定相続人の数」までは非課税扱いになります。死後3年超、5年以内に受け取る場合は、受け取る人の一時所得の扱いとなり、50万円（特別控除分）を超えると課税の対象となります。死後5年以上経過すると相続財産と同じ扱いになり相続税がかかります。

加入者が死亡した際の対応

死亡一時金の請求

①書類の届出	iDeCo加入者専用のコールセンターなどで記録関連運営管理機関の連絡先を調べ、記録関連運営管理機関へ「死亡一時金裁定請求書」と併せて必要書類を提出する。また、これとは別に加入者の死亡を報告する「加入者等死亡届」を金融機関へ提出する。
②死亡一時金が振り込まれる	加入者が積み立てた資金が一時金として指定の口座へ振り込まれる。年金としての受け取りは選択できない

死亡一時金の請求のタイミング

死亡日からの期間	課税・非課税の扱い
3年以内	500万円×法定相続人の数だけ非課税扱いになる
3年以上5年未満	一時所得として課税対象になる
5年以上	相続財産扱いとなり相続税がかかる

死亡一時金を受け取れる優先順位

1位	配偶者
2位	加入者の収入で生計を維持していた親族（子、父母、孫、祖父母および兄弟姉妹）
3位	加入者の収入で生計を維持していた、2位以外の親族
4位	2位に該当しない子、父母、孫、祖父母および兄弟姉妹

※確定拠出年金法により受取人の順位が定められている

加入者が生前に受取人を登録していれば、この優先順位は適用されません
向藤原

Point!

加入者が死亡してしまった場合、死亡から3年以内に裁定請求を行いましょう

Q iDeCoと企業型DCは何が違うの？

A 同じ年金制度ですが、個人で拠出を行うか、企業が拠出を行うかが違います

企業型DC（企業型確定拠出年金）とは、企業が主体となって実施する年金制度のひとつです。企業が掛金を拠出し、加入者（従業員）が運用を行います。掛金の上限は企業によって異なります。例えば、企業型DCのみを導入している企業であれば毎月の上限額は5万5000円まで、厚生年金基金やDBを導入している企業は毎月2万7500円までです。

原則、掛金は企業が決めるため、企業型DCは**企業が掛金を決め、加入者は商品の選択や運用のみを行う点が違います**（ただし、選択制確定拠出年金が導入されていれば、既定の範囲内の金額であれば自由に選択することも可能）。

また、希望すれば加入者が上乗せで掛金を払う「マッチング拠出」を導入している会社もあります。iDeCo同様、加入者が拠出した金額は所得控除されます。企業型DCとiDeCoは併用可能ですが、**マッチング拠出を行うとiDeCoには加入できなくなります**（174ページ参照）。

厚生年金基金　企業年金の一種。企業が国に代わって厚生年金の一部を払い、かつ企業が独自に上乗せで給付を行う制度

企業型DCにおける拠出額の上限

会社	掛金の上限
企業型DCのみ	毎月5万5000円
厚生年金基金やDBを導入している企業	毎月2万7500円

改正により2024年12月1日以降、限度額が月額5.5万円から
DBなどの他制度掛金相当額を控除した額となる

さらに知りたい

選択制確定拠出年金とは?

給料の一部を確定拠出年金に入れて将来受け取るか、手当として給料と一緒に受け取るかを選択できる制度

選択制確定拠出年金の場合を除き、企業が掛金を決定します

向藤原

選択制確定拠出年金の制度

給与

①給与の一部を
確定拠出年金の掛金として拠出

②確定拠出年金には回さず
手当として給与とともに受け取る

選択制確定拠出年金の場合、規定の金額の範囲内で、加入者が掛金を決められる

Point!

**企業型DCのなかにも、マッチング拠出や
選択制確定拠出年金といった制度に分かれます**

DB　確定給付企業年金。あらかじめ企業と従業員が給付額を決めておき、従業員が規定の年齢になれば給付を受けられる企業年金制度

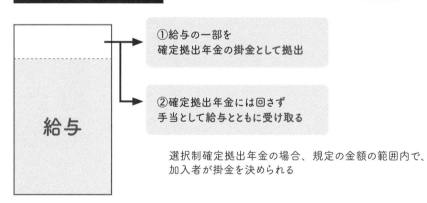

Q 企業型DCに加入していてもiDeCoに加入できる?

A 加入できますが、「マッチング拠出を行わない」などの条件があります

2022年10月から、規約に定めがなくても企業型DCの加入者もiDeCoに原則加入できるようになりました。ただし、企業型DCの加入者がiDeCoに加入するには条件があります。①企業型DCの事業主掛金とiDeCoの掛金が各月の上限の範囲内であること、②企業型DCとiDeCoともに各月拠出であること、③企業型DCのマッチング拠出（176ページ参照）を選択していないことです。

また、企業型DCの加入者によるiDeCoの掛金の拠出方法は、毎月定額のみとなります。

企業型DCにマッチング拠出がある場合、マッチング拠出にするかiDeCoに加入するか選択することになります。その場合は、マッチング拠出と、iDeCoの掛金や手数料などを比較し、結果的に**掛金を多く拠出できる方を選択するといいでしょう**。そうすれば、節税のメリットを高めながら、老後の資金を準備していくことができます。

各月拠出　毎月一定額を拠出すること。iDeCoでは、各月拠出のほかにも年払いを選択できる

企業型DCの加入者がiDeCoに加入する方法

加入条件

①企業型DCの事業主掛金とiDeCoの掛金が各月の上限の範囲内である
②企業型DCとiDeCoともに各月拠出である
③企業型DCのマッチング拠出（176ページ参照）を選択していない

➡ **iDeCoの加入には、マッチング拠出の停止が必要となる**

	企業型DCのみ	企業型DC ＋ 確定給付型企業年金 （厚生年金基金など）
企業型確定拠出年金DCの掛金	5万5000円以内	2万7500円以内
iDeCoの掛金	2万円以内	1万2000円以内
企業型DCの掛金＋ iDeCoの掛金	5万5000円以内	2万7500円以内

2024年12月から上限額が変更される
月額5万5000円－（各月の企業型DCの事業主掛金額＋DBなどの他制度掛金相当額）（ただし、月額2万円が上限）

iDeCo

メリット

・会社員は65歳まで加入できる
　➡転職しても引き続き利用できる
・個人で金融機関（ラインアップなど）を選択できる

デメリット

・手続きは本人のみ
・手数料がかかる

マッチング拠出

メリット

・追加での手数料はいらない
・企業型DCの資産とあわせて運用ができる

デメリット

・事業主掛金額を上回る掛金設定ができない
・企業型DCの商品以外選択はできない
・会社ごとに加入できる上限年齢が異なる
・60歳前に退職した際には、他の制度（iDeCoや転職先の企業型DCなど）へ資産を移す必要がある

事業主掛金　企業型DCにおいて、会社（事業主）が払う掛金のこと

Q 企業型DCのマッチング拠出とiDeCoならどちらがいい？

A 「拠出できる額」「買いたい商品」によってどちらに加入すべきか異なります

ｉＤｅＣｏと企業型ＤＣでは拠出できる額に違いがあります。企業型ＤＣのマッチング拠出は、会社が拠出する掛金を超えず、かつ会社と加入者の掛金の合計にも上限があります。

例えば、会社の掛金が５０００円のケースだと、マッチング拠出は会社の掛金を超えられないため、最大で５０００円までです。一方、２つの制度を併用できるようになり、ｉＤｅＣｏでは企業型ＤＣに加入している会社員の上限は２万円のため、ｉＤｅＣｏに加入したほうが多く拠出できます。

会社の掛金が３万円だった場合、マッチング拠出の拠出限度額は２万５０００円となります。一方、ｉＤｅＣｏでは２万円となるため、この場合は企業型ＤＣのマッチング拠出が有利になります。このように、**まずは掛金を基準に検討しましょう**。

投資に充てる金額が少ない場合、投資商品で選びましょう。一般的にｉＤｅＣｏのほうが対象商品数が多く、自由に商品を選択できます。

iDeCoとマッチング拠出

■事業主掛金が5000円の場合（掛金の上限は5万5000円）

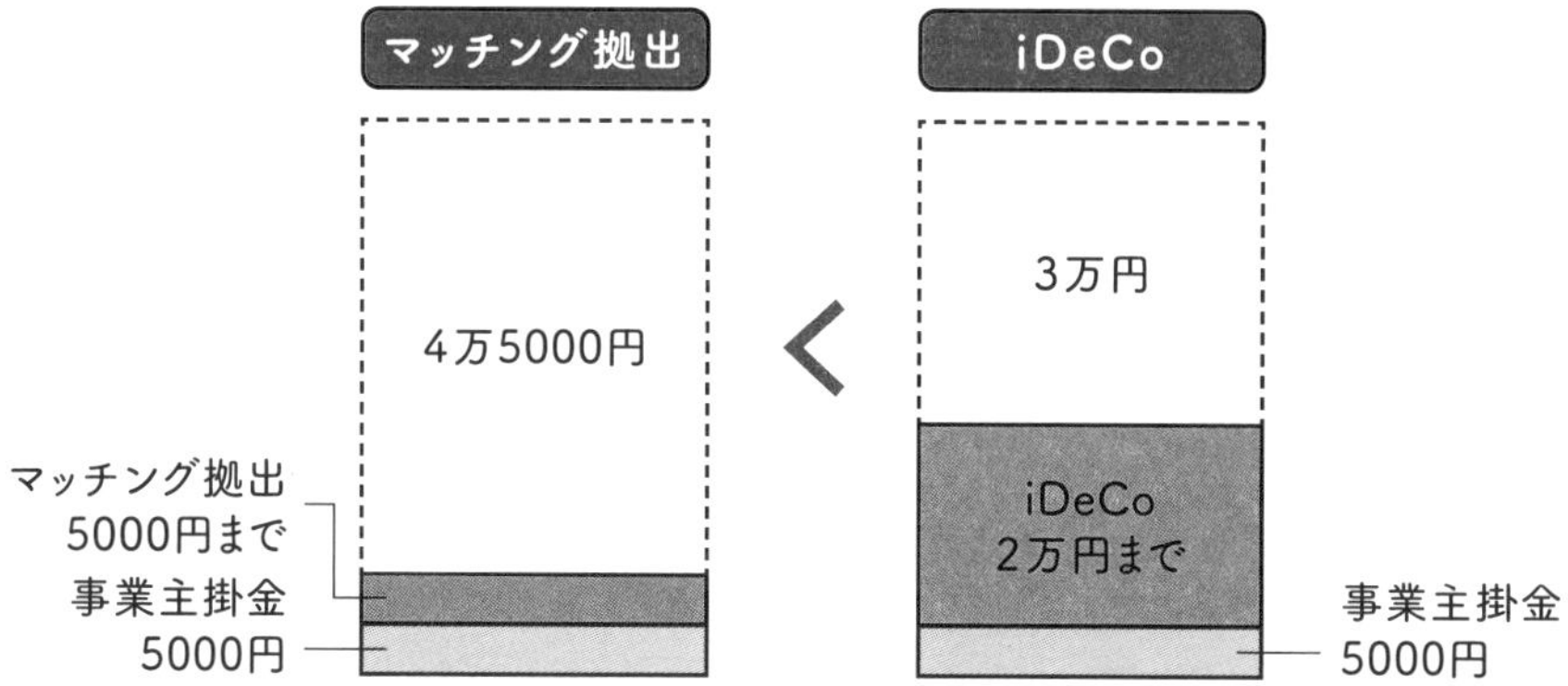

➡ iDeCoのほうが多く拠出できる

■事業主掛金が3万円の場合（掛金の上限は5万5000円）

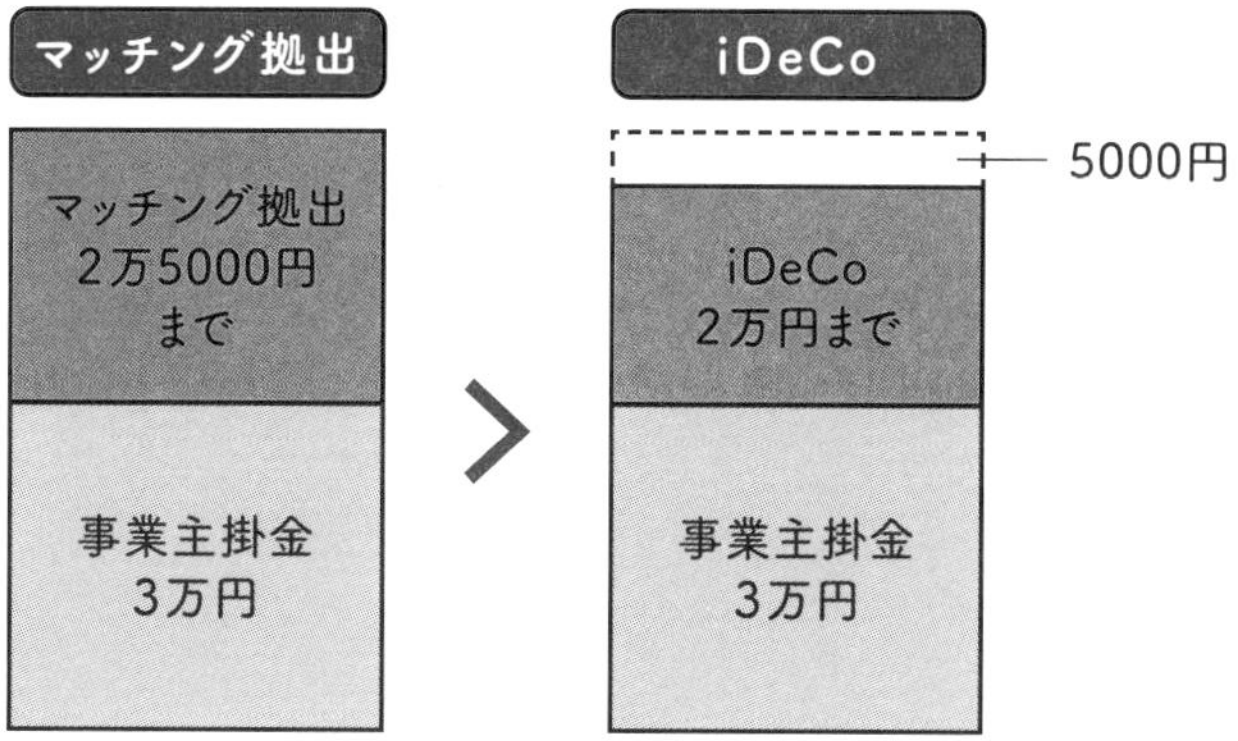

➡ マッチング拠出のほうが多く拠出できる

Point!

選ぶ際は、掛金の額、投資商品によって決めましょう

Q iDeCoは何歳から始めるべき？

A 積立のメリットが活かせるよう、家計に余裕が生まれたタイミングで始めるとよいでしょう

積立投資は、投資期間が長いほど株価下落の影響を受けづらく有利になります。そのため、老後の資産形成に向けてiDeCoを開始したいと考えたら、年齢は関係なく、なるべく早めに行うとよいでしょう。ただし、**一度加入したら、原則、途中で資産を引き出したり、拠出・運用を停止できない点は念頭に置きましょう**。iDeCoはあくまで老後の資産形成のための制度であり、受け取りは原則60歳以降です。

この点を踏まえ、**収入が安定してから加入するのがおすすめです**。投資を始める前は約半年分の生活防衛費を貯めておくのが無難ですが（200ページ参照）、人によっては貯蓄が十分でないケースもあります。また、転職などで収入が変動する可能性があるため、そうしたタイミングでは無理に行うのは適切でないかもしれません。年齢ではなく、家計を基準にし、支出管理を行うことで貯蓄が出来る家計づくりに取り組み、余裕が生まれたタイミングですぐに開設しましょう。

iDeCoをはじめるタイミング

余ったお金は
交際費に
使いたい！

20代

世帯	独身
収入	手取り20万円
支出	毎月約20万円前後
貯金	なし

➡ 貯金がなく、月々の家計に余裕がないため、
iDeCoの開始は難しい。
生活防衛費を貯めることから始める

貯金もあり、
家計も
毎日黒字！

30代

世帯	夫婦のみ。共働き
収入	手取り35万円
支出	毎月30万円前後
貯金	500万円

➡ 家計に余裕があるため、貯金を続けつつ
iDeCoを開始できる

6カ月ほど生活防衛費を
貯めておくのがよいでしょう
（200ページ参照）

向藤原

Point!

**年齢問わず、家計に余裕が生まれたタイミングで
iDeCoを開始するとよいでしょう**

Q 年金でお得に資産を受け取るための方法は？

A ギリギリまで受け取りを伸ばし、運用で資産を増やし続けるのが理想です

年金でiDeCoの資産を受け取る場合、公的年金等控除を受けることができます。これは、公的年金やiDeCoなどの合計額から、年齢などに応じた額を控除できる制度です。ただし、控除しきれない分は課税対象となるため、公的年金が多い人は税金が多くかかりやすくなります。

確定拠出年金制度の多くは、資産を受け取りながら運用を続けられる点がメリットになります。受け取り期間を5年以上20年以下の間から年単位で選択できる制度が多く、例えば、5年を選択した場合、資産を取り崩しつつ5年間運用を続け、資産の増加を狙えるのです。

預貯金で普段の生活費がカバーできるのであれば、**74歳でiDeCoの年金受け取りを開始し、受け取り期間を20年にすることで、最長94歳まで運用を続けられます**。

運用中にかかる手数料をカバーし、年金で受け取ることにより税金が増える以上に年金額が増える運用ができるかがポイントです。

年金受け取りによる資産の増額

年金受け取り

・公的年金等控除を受けられる
・受け取り期間を5年以上20年以上の間から年単位で選択できる
・年金を受け取る間、残った資産を運用で増やせる可能性がある

■74歳から年金受け取りを始めた場合

年金受け取り開始
受け取り期間20年
受け取っていない
資産は運用できる
74歳
94歳

メリット　・資産を取り崩しつつ、残りは運用を続けることができる

デメリット　・運用中は手数料がかかる、公的年金に合算され税金が増える

74歳から年金を選択する際の注意点

・判断能力が衰え、適切な運用できなくなるリスクがある
・運用中に大きく値下がりし、大切な老後資金を失うリスクがある
・受け取り開始までの間、預貯金で生活費をカバーする必要がある

70代以上になり、金利水準が高ければ、徐々に債券の比率を上げて安定した運用にシフトするとよいでしょう
向藤原

Point!

受給開始時期を上限のギリギリまで伸ばし、資産を増やし続けましょう

Q 一時金でお得に資産を受け取るための方法は？

A iDeCoの資産を先に受け取り、5年以上空けて退職金を受け取ればお得です

一時金受け取りの場合、退職所得控除を受けることができます。これは、退職金とiDeCoなどの金額から、勤務年数・iDeCoの加入年数に応じた額を控除できる制度です。

ただし、**一時金の場合「退職金をいつ受け取るか」が重要になります**。退職金とiDeCoを同時に受け取る場合、2つの金額の合計から退職所得控除が適用され、控除額をオーバーした分は課税対象になります。

受け取り時期をずらした場合はどうでしょうか？ 退職金を先に受け取った場合、その後19年以内に受け取った一時金は退職所得控除の合算対象になってしまいます。その結果、退職所得控除の額が大幅に減り、税額が高くなるケースが多いです。

最もお得な受け取り方は、**iDeCoを先に受け取り、5年以上空けて退職金を受け取った場合です**。これだと退職所得控除の額は減ることなく、それぞれフルに活用できるため、課税対象となる額を抑えられます。

iDeCoの一時金と退職金の受け取り方

例　退職金を2000万円（勤続年数30年）、iDeCoの一時金を700万円（加入期間20年）を受け取るケースでのそれぞれでかかる税金（各種人的控除や復興特別所得税は考慮しない）

①iDeCoと退職金を同時に受け取る

60歳：退職金＋iDeCo 2700万円－退職所得控除1500万円

所得税	77万2500円
住民税	60万円

→ かかる税額の合計 **137万2500円**

②退職金を60歳、iDeCoを65歳で受け取る場合

60歳：退職金2000万円－退職所得控除1500万円
65歳：iDeCo 700万円－退職所得控除80万円※

	60歳での税金	65歳での税金
所得税	15万2500円	21万2500円
住民税	25万円	31万円

→ かかる税額の合計 **92万5000円**

③iDeCoを60歳、退職金を65歳で受け取る場合

60歳：iDeCo 700万円－退職所得控除800万円
65歳：退職金2500万円－退職所得控除1500万円

	60歳での税金	65歳での税金
所得税	0円	15万2500円
住民税	0円	25万円

→ かかる税額の合計 **40万2500円**　最もお得！

※退職金を先に受け取った場合、勤続年数とiDeCoの加入が重複している期間が調整され、結果的に退職所得控除の額が小さくなる

Point!

iDeCoを先に受け取るだけで100万円近くの税金を節約できるケースがあります

Q 控除のために確定申告や年末調整は必要？

A 所得控除を受けるなら人によって確定申告は必要です

iDeCoの所得控除を受けるには、確定申告か年末調整が必要です。

会社員や公務員で、給与からの天引きで払っている場合、特に手続きは必要ありません。口座振替で払っている場合は、10月下旬～翌1月下旬に届く「小規模企業共済等掛金控除証明書」というハガキを、年末調整の際に会社に提出しましょう。ただし、初回の拠出を10月以降に行った人は、ハガキの到着が年末調整に間に合わない場合があります。**会社員・公務員でも、ハガキの到着が間に合わない場合や年末調整を忘れた場合、確定申告を行うことになります。**会社員・公務員の確定申告は「確定申告書A」を使用します。

また、個人事業主や専業主婦（夫）も確定申告を行う場合は、前述のハガキと「確定申告書B」が必要です。ハガキを紛失した場合は、iDeCoの口座を開設した金融機関へ再発行を依頼します。申請から到着まで3週間ほどです。

年末調整と確定申告の手続き

会社員・公務員（給与からの天引き）

●年末調整・確定申告ともに特に手続きは不要

会社員・公務員（口座振込）

●年末調整の際に「小規模企業共済等掛金控除証明書」というハガキを提出することで対応可能

●年末調整を行えば確定申告は不要

↓ ただし

年末調整までにハガキが届かなかった人は、確定申告が必要となる

■ハガキが発送される月

はじめて拠出された月	発送予定月
1月～9月	10月下旬ごろ
10月	11月下旬ごろ
11月	12月下旬ごろ
12月	翌年1月下旬ごろ

確定申告に必要な書類
・小規模企業共済等掛金控除証明書
・源泉徴収票
・確定申告書A

個人事業主・専業主婦（夫）

●確定申告を行う必要がある

確定申告に必要な書類
・小規模企業共済等掛金控除証明書
・確定申告書B

Q 退職や転職をしたときはどうすればいい？

A 退職・転職しても手続きをすれば引き続きiDeCoに加入できます。転職先の企業型DC移換も可能です

退職した後、無職になる場合は健康保険の種別が第3号被保険者になります。また、退職後に自営業を行う場合は第1号被保険者になります。いずれの場合も、**金融機関から「加入者被保険者種別変更届」を受け取り、記入して返送しましょう**。被保険者種別を変更した後も、最長で75歳まで拠出・運用することができます。

転職する場合は、転職先に企業型DCが導入されていれば、①iDeCoへの加入を継続する、②企業型DCのみに加入する、③iDeCoと企業型DCを併用する、の選択肢を選ぶことになります。

なお、**退職・転職から6カ月以内に手続きしなければ、国基連に資産が自動移換されます**。自動移換には手数料として4348円が資産から差し引かれ、移換後4カ月経つと管理手数料が毎月52円かかります。移換後は現金として管理されるため、拠出・運用は行われず、iDeCoの加入期間にも加算されません※。

移換　転職や退職などで年金資産を他の企業年金などに移し換えること

退職・転職後のiDeCo

退職後に無職になった人	→	健康保険の種別が第3号被保険者へ変わる	**必要な手続き** 退職後6カ月以内に金融機関へ「加入者被保険者種別変更届」を提出する
退職後に自営業を行う人	→	健康保険の種別が第1号被保険者へ変わる	
転職をした人	→	健康保険の種別は第2号被保険者のまま	

転職をした人

①iDeCoのみに継続して加入

加入中のiDeCoを継続する場合、登録事業所（就職先）の変更の手続きを行う。

「加入者登録事業所変更届」「事業所登録申請書兼第2号加入者に係る事業主の証明書」を運営管理機関に提出する

②企業型DCにのみ加入

iDeCoの加入者資格喪失の手続きを行う。

「加入者資格喪失届」と加入者の資格を喪失した理由及び喪失年月日を証明する書類を運営管理機関に提出する。また、個人型確定拠出年金の資産を転職先の企業型確定拠出年金に移すことができる

③iDeCoと企業型DCを併用する

登録事業所（就職先）の変更の手続きを行う（①と同じ）

転職から6カ月以内に手続きをしましょう！
向藤原

※自動移換された後は、金融機関にて「自動移換された資産の移し替え」「iDeCoへの加入」にかかる書類を取り寄せて手続きを行えば、iDeCoに加入できる

Q 転職をしていないのに拠出を強制的に停止された。どうして？

A 国民年金の被保険者種別が変わっても手続きをしていなければ、iDeCoを強制停止されるケースがあります

転職せず、同じところに勤めていても、**国民年金など被保険者種別が変わった場合、所定の変更手続きを行っていないと、国基連によりiDeCoを強制停止されることがあります**。

例えば、配偶者の扶養に入っていたパートタイマー（第3号被保険者）が、労働時間を増やして収入が増加した結果、扶養から外れたとします。このとき、勤務先は同じでも年金の種別が第2号被保険者へ切り替わっています。

また、臨時雇用の公務員（教員）でもこのケースは多くあります。2022年10月より共済組合の適用要件が拡大されたことで、いままで第3号被保険者だった人も、週の労働時間が20時間以上などの要件を満たせば共済組合へ加入することになり、第2号被保険者に切り替わります。こうした年金の種別の変更に気づかず届出を出さなかった場合、iDeCoの拠出が強制的に停止されます。iDeCoの口座を開設している金融機関へ、保険種別変更の手続きを速やかに行いましょう。

保険の種別が変更になるケースとiDeCoを強制停止された際の対応

■パートタイマーが配偶者の扶養から外れる場合

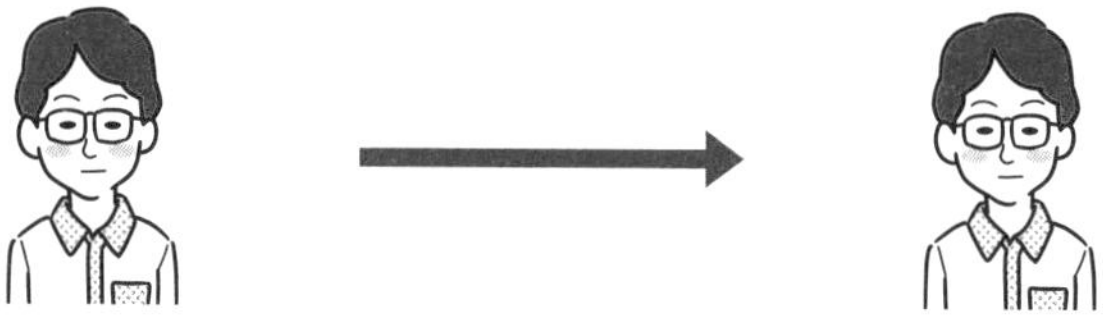

パートタイマー
・年収100万円
・配偶者の扶養に加入している第3号被保険者

パートタイマー
・年収130万円
・扶養から外れ、第2号被保険者になった

金融機関へ保険の種別変更をしないとiDeCoが強制停止される

■臨時雇用の教員が共済組合に加入した場合

臨時雇用の教員
・これまで第3号被保険者としてiDeCoに拠出を続けてきた
・週15時間勤務から30時間勤務に変更になった

共済組合への加入の要件
・週の所定労働時間が20時間以上
・賃金の月額が8万8000円以上である
・2カ月を超える雇用の見込みがある
・学生ではない

共済組合員（第2号被保険者）へ切り替わるため、手続きをしないとiDeCoが強制停止される

iDeCoが強制停止された際の対応

・金融機関へ年金の種別変更の手続きを行う（186ページ参照）
・強制停止された期間の掛金を後から拠出することはできない

Point!

国民年金の種別が切り替わった際は
iDeCoを開設した金融機関へ届け出を出しましょう

Q 元本確保型はやめたほうがいいと聞いたけど本当？

A 元本確保型のみでは運用益に期待できません

元本確保型とは、元本に利息や配当金が上乗せされ、原則元本割れが発生しない金融商品です。iDeCoでは定期預金、保険の2つが該当します。ただし、**運用益がiDeCoの手数料より小さければ元本割れする点には留意しておきましょう**。また、定期預金を途中解約した場合、予定より低い利率が適用されます。また、保険商品を途中解約した場合、手数料として解約控除金が差し引かれ、結果元本割れする可能性があります。定期預金、保険はどちらも満期まで保有していれば元本割れはないものの、投資信託などに比べると利回りが低く、運用益が期待できません。

例えば、2023年8月時点では、定期預金の「あおぞらDC定期（1年）」では年利が0・01%です。毎月1万円、25年間運用したとしても、25年間合計300万円積立てると、運用益は3741円。一方、年利3%の投資信託を運用した場合は25年間合計300万円積立てると、運用益は146万円です。

iDeCoの元本確保型

元本確保型

メリット

・元本に利息や配当金が上乗せされる
➡原則元本割れが発生しない

デメリット

・投資信託に比べ、利回りが低い
➡運用益に期待できない
・保険の場合は途中で解約すると手数料が発生する

定期預金 → **途中で解約** 利回りが下がる、もしくはゼロになる

保険 → **途中で解約** 手数料（解約控除金）より運用益が小さい場合元本割れする

あおぞらDC定期（1年）（定期預金）の場合

毎月1万円 → 25年間運用 → 年利0.01％の利回りがずっと続いた場合

運用益 **3741円**

※2023年８月時点

運用益に140万円以上の差がある！

株式投資信託の場合

毎月1万円 → 25年間運用 → 年利３％の場合の利回りがずっと続いた場合

運用益 **146万円**

※金融庁「資産運用シミュレーション」を元に計算

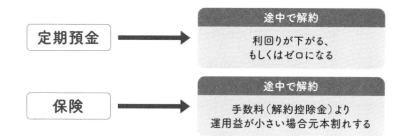

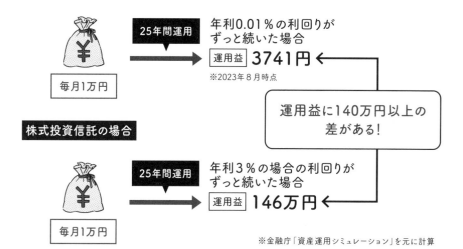

Q 積み立てている投資信託を変更したいときはどうする？

A 「リバランス」や「スイッチング」を行うことができます

ある商品の価格が今後下落する見込み、あるいは、保有していても上昇する見込みがないと判断した際などに、商品を売却し、その売却金で別の資産を購入することができます。これをスイッチングと呼びます。

頻繁にスイッチングを行うと複利効果を得づらくなるためあまりおすすめできませんが、**受け取り開始時期が近づき、利益を確定したいときは資産の減少を回避するためスイッチングするとよいでしょう**。特に、こうしたケースでは定期預金へのスイッチングが有効です。元本割れすることはないため、ある程度運用益が出たあとに定期預金に切り替えることで利益を確保することができます。

また、毎月積み立てる商品や、割合などを変えることを「配分変更」と呼びます。**スイッチング、配分変更に回数制限はなく、金融機関のサイト上で行えます**。原則、手数料はかかりませんが、一部の商品では売却時に信託財産留保額というコストがかかります。

信託財産留保額 投資信託を解約（換金）した際に支払うコストのこと。98ページ参照

積み立てている投資信託の変更方法

スイッチング

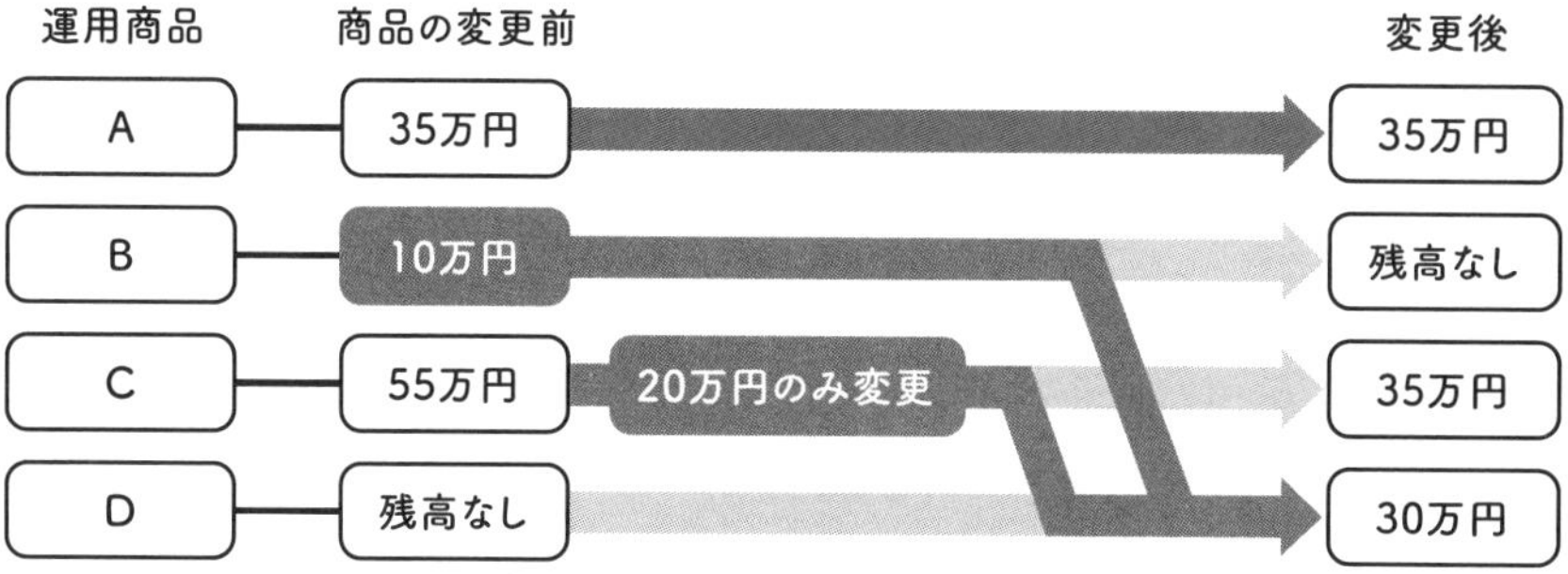

・すでに投資した商品を一度売却し、別の商品に切り替えること
・頻繁に行うと、複利効果が得られにくくになる
➡受け取り開始時期が近くなり、利益を確定したいときはスイッチングの出番

配分変更（リバランス）

・毎月積み立てる商品の比率を変更すること
・スイッチングとは別の手続きが必要となる

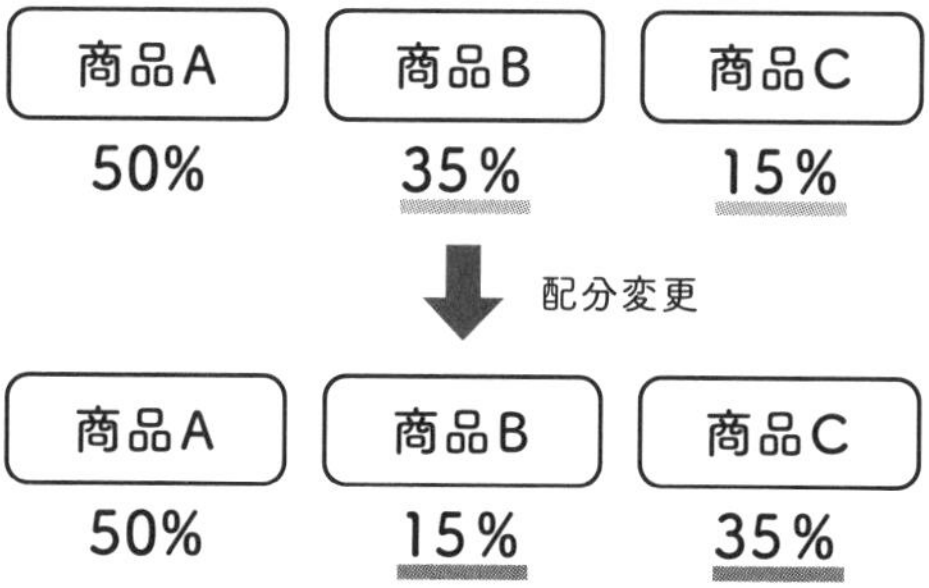

Point!

投資信託の変更には回数制限、手数料はありませんが運用状況を確認して行いましょう

Q iDeCoしか投資できない投資信託って何があるの？

A 「DCインデックスバランス（株式20）」や「ひふみ年金」などがあります

金融商品のひとつである投資信託は、NISA・iDeCoともに用意されていますが、NISAでは購入できず、**iDeCoでしか購入できない投資信託もあります**。ここでは、そういった投資信託をいくつか紹介します。

①ひふみ年金

「日本を根っこから元気にする」をコンセプトに、レオス・キャピタルワークスが運用しています。投資対象が主に日本株のアクティブファンドです。

②DCインデックスバランス（株式20）

日本株、外国株、国内債券、海外債券の4つの資産に分散投資するファンドです。日興アセットマネジメントが運用しており、低コストで分散投資できます。

③野村リアルグロース・オープン（確定拠出年金向け）

投資対象は、中長期的に高い成長が期待できる国内企業の銘柄です。野村アセットマネジメントが運用しているアクティブファンドです。

マザーファンド　投資家が購入した投資信託（ベビーファンド）から資金を預かり、まとめて運用する投資信託のこと。ベビーファンドが個別に運用するより運用規模を大きくできる

iDeCoにしかない運用商品の例

商品名：ひふみ年金　　**運用会社：レオス・キャピタルワークス**

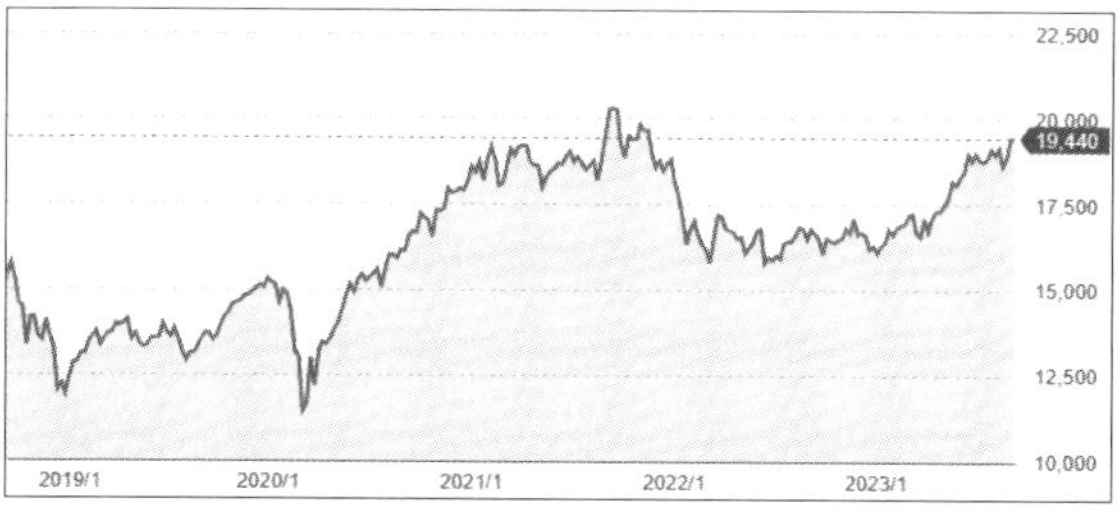

投資対象	日本株中心
運用ファンド	アクティブ
純資産総額	686億円
信託報酬	0.836％
リターン（年率）	6.33％（5年）

日本株中心、比較的低コスト。インデックスと比較し過去10年好成績だが、中途半端に外国株式を入れている点が評価しづらい

商品名：DCインデックスバランス（株式20）　　**運用会社：日興アセットマネジメント**

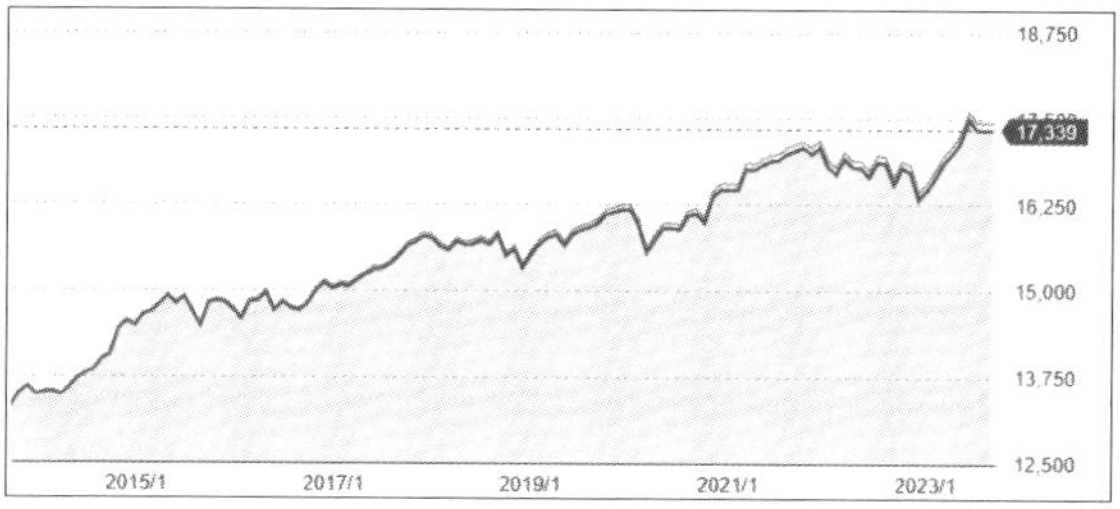

投資対象	株・債券など
運用ファンド	インデックス
純資産総額	116億円
信託報酬	0.154％
リターン（年率）	2.58％（5年）

リスクを抑えた投資信託のなかでの実績は評価できる。今後、日本債券の金利上昇時におけるマイナスをどうカバーできるかがポイント

商品名：野村リアルグロース・オープン（確定拠出年金向け）
運用会社：野村アセットマネジメント

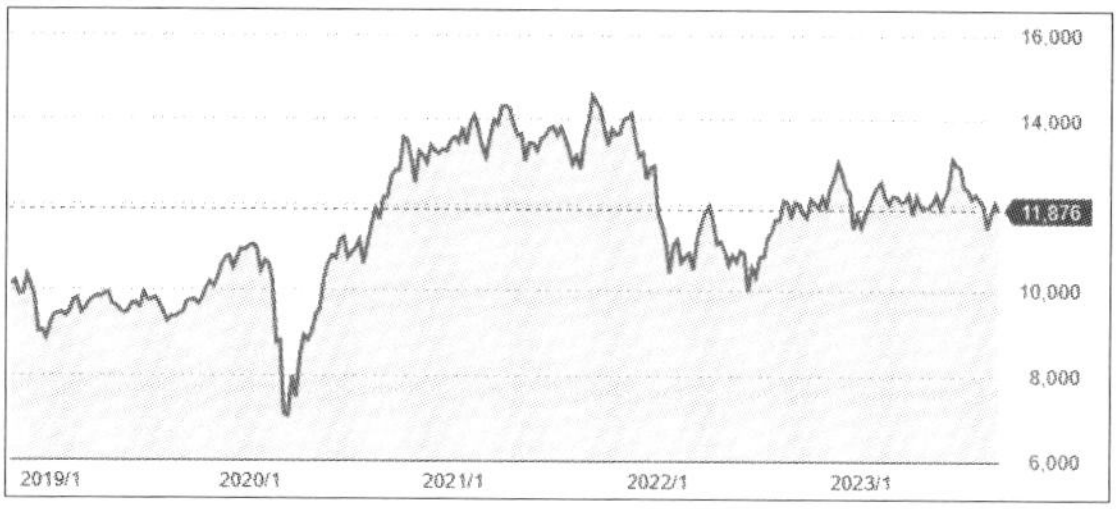

投資対象	日本株
運用ファンド	アクティブ
純資産総額	18億円
信託報酬	0.935％
リターン（年率）	0.29％（3年）

インデックスや、ほかの日本株アクティブファンドと比べるとパフォーマンスが悪く評価しづらい

※2023年9月時点。iDeCoの対象かつNISAでの対象外の銘柄から編集部選定

※同じマザーファンドで運用し、実質的に同じ運用のファンドを証券会社などで買える商品もあるが、多くは、確定拠出年金用に用意された商品のほうが信託報酬を安く設定している

Q 金融機関を変更したいときはどうすればいい？

A 希望の金融機関へ書類を請求することで金融機関の変更を行えます

一度iDeCoの口座を開設しても、取扱商品のラインナップや手数料を理由に、金融機関の変更（移換）を行いたくなることがあります。そうしたときは、変更したい金融機関のサイト、またはコールセンターから「加入者等運営管理期間変更届」を取り寄せます。

掛金の配分指定などを記入後、金融機関に返送しましょう。問題なく受理されれば、移換の完了を通知する書類やパスワード設定などの書類が到着します。

基本的に手数料は発生しませんが、楽天証券、SBI証券などの金融機関では他社へ移換する際に4000円ほどの手数料がかかることがあります。

申請から手続き完了までには1～2カ月かかり、この期間は運用を行えません。

また、**金融機関を変更する際、一度資産が現金化されます**※。変更後はまた一から積立を行うことになるため、頻繁な金融機関の変更はおすすめできません。

※売却のタイミングは選べないため、大きな値下がりを避けたいときなど、いったん自身で定期にスイッチングしておくことも一手である

金融機関の変更

変更手順

① 書類の請求

変更したい金融機関のサイトやコールセンターから「加入者等運営管理期間変更届」を取り寄せる

② 書類の記入

変更届を記入し、金融機関に返送する

③ 変更完了

金融機関の変更が終ると、移換完了書類やパスワード設定などの書類が届く

移換には1～2カ月かかり、その間は運用はできません

向藤原

他社への移換の手数料

手数料がかかる金融機関

SBI証券　大和証券
楽天証券　松井証券
マネックス証券

➡いずれも移換時の手数料は4400円

手数料がかからない金融機関

野村證券
SMBC日興証券

移換に伴うデメリット

・移換時に金融機関を変更する際、一度資産が現金化される
・変更後は一から積立を行うことになる

Point!

金融機関の変更には手数料がかかるほか、移換の申請から完了までは運用ができません

Q 銀行ではなく証券会社で口座を開くべき?

A 銀行は取り扱っている商品が少ないため証券会社での口座開設がベターです

iDeCoの口座は、証券会社だけでなく、銀行や保険会社でも開設することができますが、証券会社のほうが、取り扱い商品が多い傾向があります。**SBI証券で取り扱う商品は合計で38本、松井証券で取り扱う商品は合計で31本、楽天証券では30本と、基本的に30本前後あります**。ただし、auアセットマネジメントでは22本、野村證券では25本、大和証券では22本と、20本台の証券会社もあります。

銀行の場合、最も取り扱い本数が多い三井住友銀行（みらいプロジェクト）では24本、次点のイオン銀行では22本です。保険会社においては、ソニー生命保険で25本で、住友生命保険で22本です。**一口にすべての証券会社が銀行より多くの商品と取り扱っているわけではないため**、事前に商品数は確認しておきましょう。

Point!

全体的な傾向として、証券会社では30本近く、銀行では20本近くの商品を取り扱っています

第5章

長期投資を乗り切るプランの立て方

NISAやiDeCoといった非課税制度は便利ですが、思い付きで開始しても十分な資産を形成できなかったり、十分な節税効果を受けられなかったりします。まずは「いつまでに」「いくら必要か」を計算したうえで、家計に沿って資産形成のプランを立てましょう。

家計に合わせた
プランを作成！

秋山 芳生

Q 投資するにはまとまった資金が必要？

A 目安は生活費6カ月分ですが、貯金と投資を並行して始めるのもよいでしょう

投資を始めるときは、投資に回せる資金はどれくらいなのか明確化し、投資する額を決めることが重要です。

まず、家計で必要なお金を分けて考えましょう。日々の生活に必要な「生活費」、非常時に備えて残しておく「生活防衛費」、旅行や住宅購入などに使用するための「目的別資金」の3つの口座をつくり、**投資はこれらを貯めたうえで余った「余裕資金」で行うことが望ましいです。**

生活費は余裕を持って1・5カ月分、生活防衛費は6カ月（個人事業主の場合は1～2年分）ほどが目安です。

とはいえ、これだけの予備資金を貯めるには時間がかかり、すぐに投資を始めることができません。その場合、2～3カ月分貯めた後に、貯金と投資を並行するのも一手です。生活に影響のでない範囲で、月数百円～数千円ぐらいの少額で投資を始め、投資で資産運用をする感覚を掴んでいきましょう。

投資を始める前に必要な資金

例

- 毎月の収入は25万円
- 毎月の生活費は20万円
- 貯金は40万円（2ヵ月分の生活費）

→ 現金が十分でないため まずは貯金から始める

堅実に進める場合

① 現金を確保する

生活防衛費
6ヵ月分の生活費
（120万円）

生活用資金
1.5ヵ月分の生活費
（30万円）

目的別資金
住宅購入、旅行などにかかる費用
（例：年に2回の旅費30万円）

個人事業主の場合は
1〜2年分の生活費を
用意しておく

●現金を確保しないと、万が一の際に投資資金を取り崩すことになる
●資金ごとに口座を分けることで、各資金どれだけ不足しているかを明確にできる

↓

② 余ったお金で投資する

早く投資を始める場合

① 2〜3ヵ月分の生活防衛費を確保する

↓

② 貯金と投資を並行して進める

月数百円〜数千円の少額から始めて、
投資の感覚を掴んでいく

金額よりも、早く始めることが大切です
（204ページ参照）

秋山

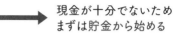

Q 投資に必要な資金が貯められるアドバイスが欲しい

A 現段階の資産の状況を把握して固定費を節約することから始めましょう

収入と支出のバランスを把握しないことには、節約の計画を立てられません。**家計簿をつくりましょう**。家計簿アプリのマネーフォワードＭＥであれば、銀行口座やクレジットカードと連携できたり、予算機能を使って支出を把握できたりするため、少ない手間で家計を把握することができます。

家計簿でお金の流れを把握したら、次は支出の削減に取り組みましょう。ポイントは、「固定費を抑えて無理なく節約すること」です。例えば、スマホを格安ＳＩＭに乗り換えたり、節水シャワーを使ったりすれば、無理なく通信費や水道代を抑えられます。

また、保険の見直しも有効です。「掛捨の生命保険（子どもがいる人の場合）」「自動車保険（車を持っている人の場合）」「家の火災保険」の３つは最低限、必要な保険ですが、それ以外は無駄になっていることがあります。このように、**生活を変えずに固定費を削減することが資金の捻出につながります**。

投資資金の捻出方法

① 家計簿をつけてムダな支出を把握する

家計アプリのマネーフォワードMEの画面

マネーフォワードMEの場合

対応OS：Windows、Mac OS、Android、iOS

ポイント1

銀行口座、クレジットカードと紐づけられるため収支の把握が簡単

ポイント2

レシートをスマホで撮影するだけで支出を管理できる

ポイント3

予算を立てられるためお金の使いすぎを予防できる

➡ **家計を改善してムダをなくす**

② ムダな支出の削減

ポイント　固定費を抑えることで無理のない節約を行える

格安スマホへ乗り換える

楽天モバイル

月3278円（税込）
（データ使用量月20GB超）

UQモバイル

月2178円（税込）
（データ使用量月15GBまで）

必要な保険だけにする

- がん保険の解約の検討
（公的な健康保険制度が充実しているため）
- 医療保険の解約の検討
（公的な健康保険制度が充実しているため）
- 生命保険の解約の検討
（十分な貯蓄があれば、貯蓄でまかなえる場合があるため）

Q 収入からいくら投資に回すのが適当？

A 基準はありませんが、月々の収入の10％前後が投資に回す目安です

投資に回す金額は、投資目的、ライフプラン、年齢や職業、現在置かれている状況や、保有している金融資産額などによって異なるため、基準はありません。

参考になる資料として、日本証券業協会が公開している「２０２１年度証券投資に関する全国調査」があります。月収の何％を金融商品に回しているかのアンケート結果が公開されており、それによると、毎月投資を行っている人は、月々の収入に対して1～10％未満、または10～20％未満の割合で投資をしている人が大半という結果でした。

つまり、**10％前後が収入に対する投資の割合としてひとつの目安**になるのではないでしょうか。

しかし、投資は金額よりも、できる限り早く始めることが大切です。投資期間が長い程、価格変動によるリスクが小さくなり、安定した収益が期待できるからです。

投資に回す金額

投資に回す月収の割合

年収＼割合	1～10%未満	10～20%未満	20～30%未満	30%以上	金融商品には回していないなど
全体	24.0%	14.6%	5.6%	5.4%	50.5%
200万～300万円未満	23.3%	16.0%	6.7%	5.6%	48.5%
300万～400万円未満	28.6%	19.9%	8.6%	5.7%	37.3%
400万～500万円未満	32.9%	21.1%	7.8%	6.7%	31.5%
500万～700万円未満	34.0%	25.8%	7.5%	4.0%	28.8%

出所：日本証券業協会「2021年度 証券投資に関する全国調査」

毎月投資を行っている人の大半が
月収の1～10%未満、または10～20%未満で投資している

投資を始める時期

- 投資期間が長いほど、価格変動によるリスクが小さくなる
- 安定した収入が期待できる

↓そのため

金額よりもできる限り早めに始める

ライフプランでは、将来必要なお金など計算しながら投資を運用するとよいでしょう
秋山

Point!

10%前後をひとつの目安として考えましょう

資産運用

Q 年利は何%を目指せばいい？

A 最初は、年利3～5%前後が現実的です

仮に、毎年10%の利率で運用を続けることができれば、将来や老後のために資金さえ準備できれば利回りは十分ですが、実現できたとしてもややリスクが大きいといえます（48ページ参照）。反対に、利回りが低すぎると、実質的に資産が目減りする可能性があります。

投資初心者が資産運用するならば、目標は年利3～5%前後が現実的でしょう。長期的にコツコツと運用すれば実現できる現実的な数値です。例えば、日経平均株価は、過去20年の年率平均が6・3%。つまり、日経平均株価に20年間投資していたら、毎年平均して6・3%ずつ利益が発生するということです。ちなみに、TOPIXの場合は20年で6・7%。アメリカの株価指数であるS&P500は11・2%、ダウ平均株価は8%、ナスダック総合は11・9%です（いずれも円ベース）。

アメリカは大きな経済成長を遂げているためリターンがやや多くなっていますが、平均して3～5%ほどを目指すとよいでしょう。

主な株価指数のパフォーマンスと年利目標の目安

日本の株価指数のパフォーマンス（年率平均）

株価指数	年率平均		
	15年	20年	30年
日経平均株価	6.1％	5.7％	1.4％
TOPIX	6.5％	6.4％	2.7％

※2023年９月時点。マイインデックス（https://myindex.jp/）をもとに編集部作成

アメリカの株価指数のパフォーマンス（年率平均）

株価指数	年率平均		
	15年	20年	30年
S＆P500	13.1％	11.2％	11.2％
ダウ平均株価	9.8％	8％	9％
ナスダック総合	14.7％	11.9％	11.5％

※2023年９月時点。マイインデックスをもとに編集部作成。円ベース

年利の目安

○	3～5％	高すぎず低すぎない、平均的な利回りを目標に据えておく
×	10％以上	毎年10％以上の利回りを維持するのは難しい

Point!

高すぎる利回りを目標にするのはリスクが大きいため
3～5％ほどで設定しましょう

Q ポートフォリオはどうやってつくればいい?

A リスク許容度を考えて資産配分をしましょう

ポートフォリオとは、どの金融商品にどのくらい投資するかといった「資産配分」のことです。**ポートフォリオをつくる目的は、リスクを抑え、効率的に資産を増やしていくことです。**

ポートフォリオをつくる前に、投資の目的と期間を決めます。次に、自分の年齢や収入などから、どの程度のリスク（48ページ参照）であれば許容できるかを考え、自分に合った投資先や資産配分を考えていきましょう。

そして、**ポートフォリオをつくるときには、「コア・サテライト戦略」という投資の基本となる考え方が重要になります。**保有する資産を安定的に運用する「コア」と、積極的に運用する「サテライト」に分け、リスクを抑えつつ、大きい利益の確保を目指す方法です。一般的にコアには、自己資産のうち70%〜90%と多めに確保し、サテライトは残りの10%〜30%を配分するのが望ましいとされています。もちろん、サテライトを保有せずにコアだけであっても、長期的に運用することで利益を狙えます。

ポートフォリオとコア・サテライト戦略

ポートフォリオ

どの金融商品にどのくらい投資するかを決める「資産配分」のこと

利益を狙いたいから株式型の投資信託を多めにしようかな
なるべく安全な資産を中心に保有したいな

おすすめのポートフォリオ「コア・サテライト戦略」

投資のメインとして長期的に安定した利益が狙える「コア」と、より高いリターンを狙った「サテライト」に分けて資産を保有すること

サテライト（10～20％）リスクを取りつつより高いリターンをが狙える資産。この3つはサテライトの一例

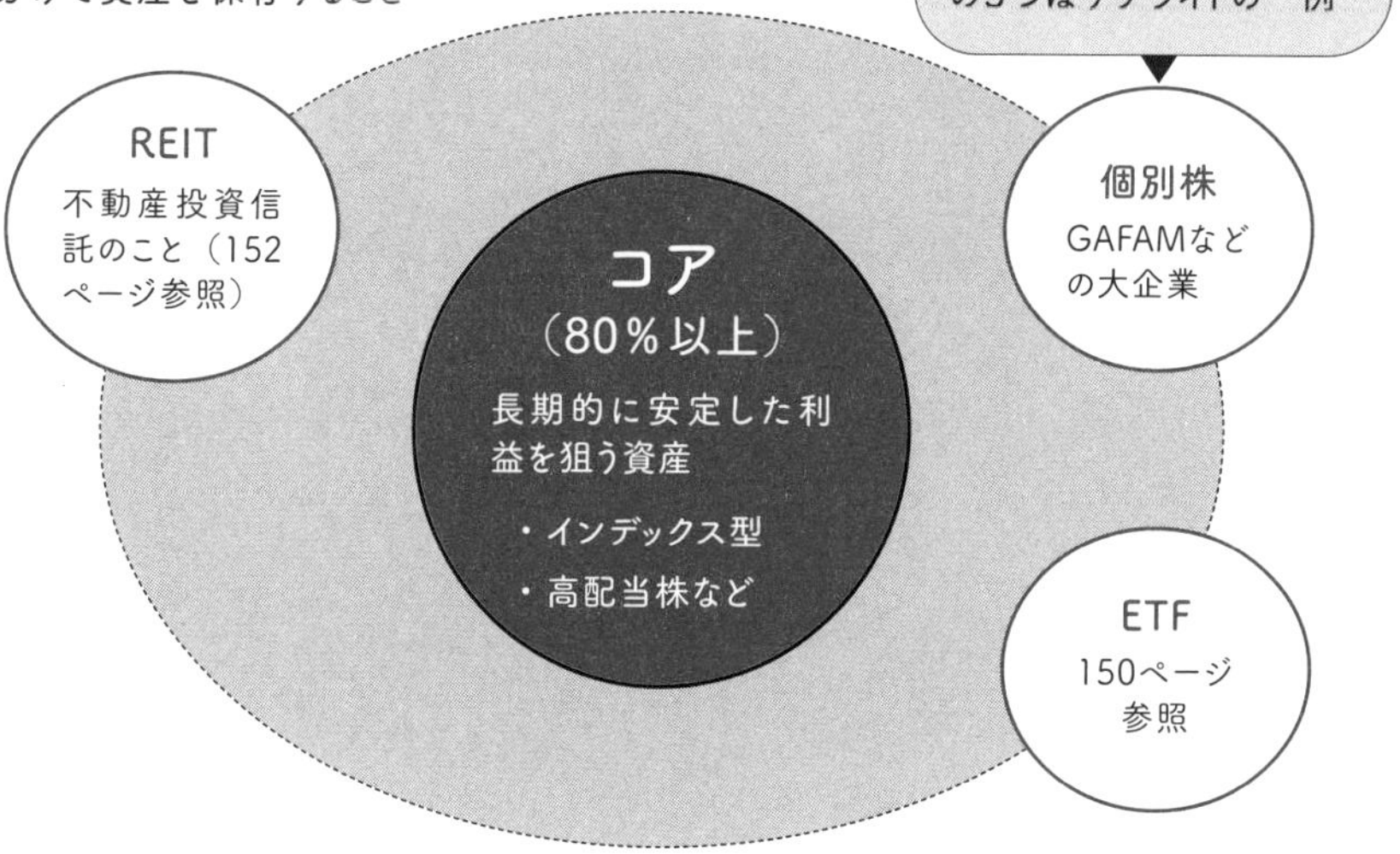
REIT
不動産投資信託のこと（152ページ参照）
コア
（80％以上）
長期的に安定した利益を狙う資産
・インデックス型
・高配当株など
個別株
GAFAMなどの大企業
ETF
150ページ参照

Point!

コア資産だけでも長期的に運用することで十分利益を狙えます

GAFAM　「アルファベット（グーグル）」「アップル」「メタ・プラットフォームズ（旧フェイスブック）」「アマゾン」「マイクロソフト」の5社の頭文字を取ったもの。アメリカの大手IT企業の代表

Q ポートフォリオの見直しのポイントを知りたい

A 年1回、定期的に見直しを行いましょう

実際に投資を実行した後は、**年1回、資産配分を見直し**、必要に応じてリバランスをしましょう。購入した金融商品は、購入後の値動きもあって、時間が経つとポートフォリオのバランスが崩れてきます。その崩れたバランスを元に戻すことを「リバランス」といい、資産配分の見直しが必要になります。バランス型投資信託の場合は、投資家が自分でリバランスを行う必要はありません。一般的に、値上りしている資産を売却し、その代金で値下がりしている資産を買い増します。

リバランスをするときには、NISAやiDeCoの資産だけでなく、ほかの預貯金を含めたポートフォリオ全体の比率で考えるようにしましょう。

また、**リバランスは、ライフスタイルが変わったときも必要です**。例えば、退職後は現金の比率を高めて、生活に必要な資金は運用に回さないようにするなど、ライフスタイルに合わせてバランスをとりましょう。

ポートフォリオのリバランス

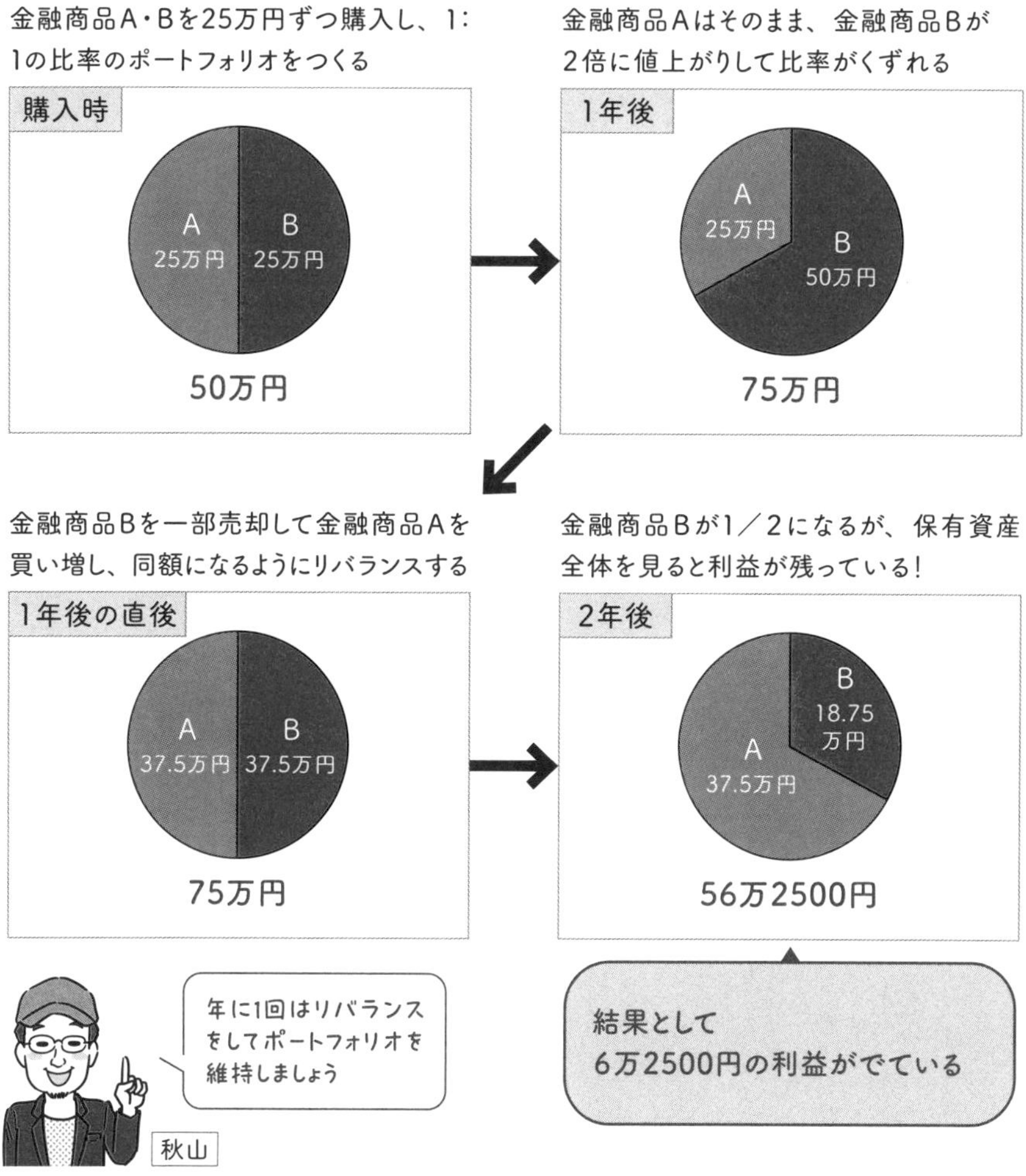

金融商品A・Bを25万円ずつ購入し、1：1の比率のポートフォリオをつくる

金融商品Aはそのまま、金融商品Bが2倍に値上がりして比率がくずれる

金融商品Bを一部売却して金融商品Aを買い増し、同額になるようにリバランスする

金融商品Bが1／2になるが、保有資産全体を見ると利益が残っている！

Point!

新たにお金を追加してリバランスを行うこともできます。放置することなく、希望の配分を維持しましょう

Q 投資シミュレーションはどうやって行うの?

A インターネット上でシミュレーションを行えます

投資は、「お金を増やしたい」と漠然としたイメージで運用するよりも、**具体的な数字で目標をもつことが大切です**。

そのために、投資シミュレーションを行いましょう。毎月いくらのお金を年利何%で運用すると何年後にはいくらになるかという見込や、目標金額に達するまでに年利何%でどのくらいの期間運用しなければならないのかが数字で見えてきます。

証券会社や銀行、金融庁のホームページなどで簡単に行うことができます。

ただし、シミュレーションはあくまで予測です。投資にはリスクがあり、想定していた利回りが見込めない場合もあります。さらに、インターネット上でのシミュレーションは、手数料、税金などを考慮していないものが多く、すべてこの数値通りの金額を形成できるわけではありません。あくまで、投資する上でのひとつの目安として利用しましょう。

投資シミュレーションを行える主なサイト

つみたてNISAのシミュレーション

■資産運用シミュレーション（金融庁）

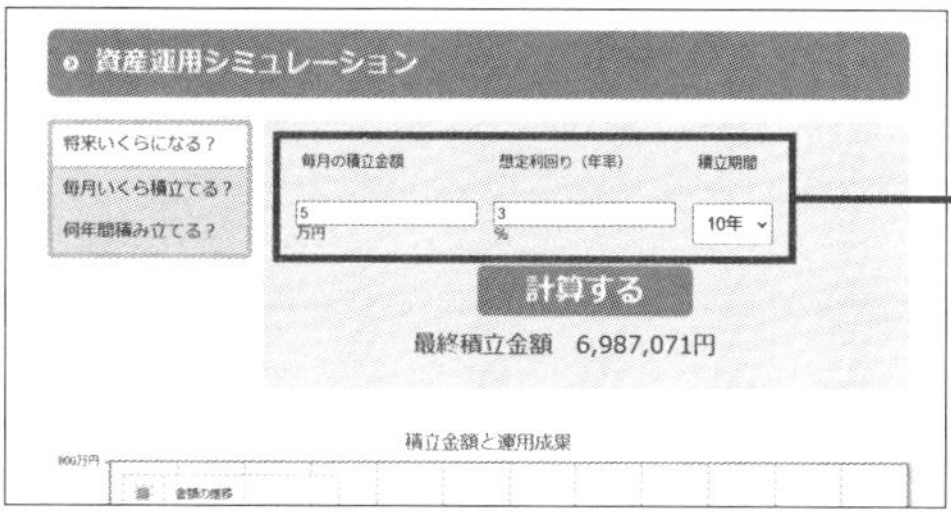

「毎月の積立金額」「想定利回り（年利）」「積立期間」を入力・選択すると最終的な資産額がわかる

URL：https://www.fsa.go.jp/policy/nisa2/moneyplan_sim/index.htm

■資産運用シミュレーション（みんかぶ）

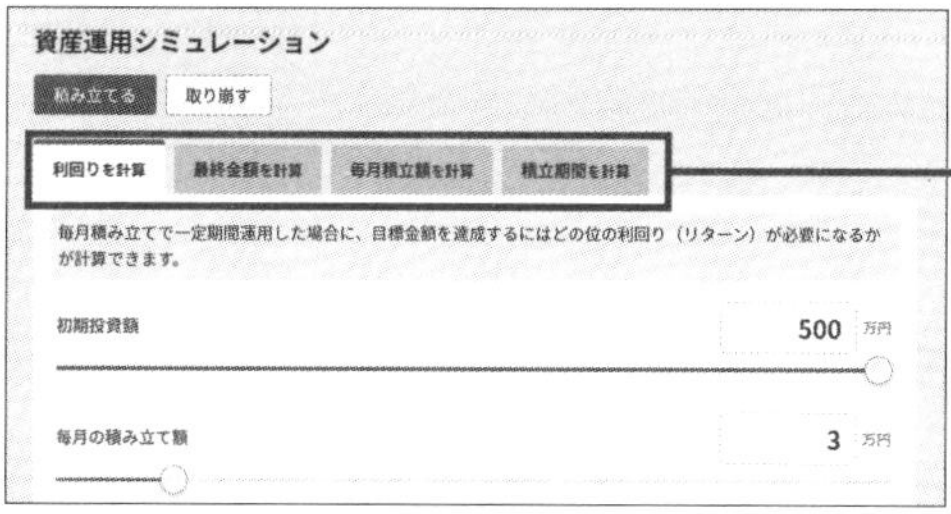

目的に合わせて「利回り」「最終金額」「毎月積立額」「積立期間」の4種類を資産することができる

URL：https://itf.minkabu.jp/simulation/calculator

iDeCoのシミュレーション

■iDeCoシミュレーション（NTTデータエービック）

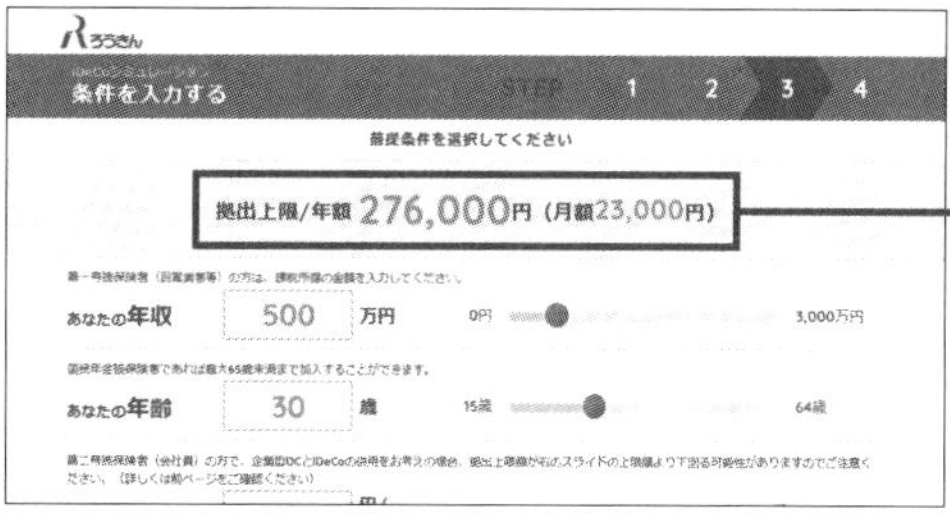

条件に応じた掛金上限の範囲内でシミュレーションを実行できる

URL：https://www.wam.abic.co.jp/contents/C642999/dcsimu/top.html

NISA・iDeCo

Q NISAとiDeCoだったらどっちを優先すべき?

A 収入や貯金の状況によって変わります

NISAとiDeCo、どちらを優先にすべきかは、資産や貯金の状況に応じて変わります。例えば、**収入がない（少ない）、家計を把握できていない、家計が赤字になっている人は、そもそも投資を行う状況ではないため、202ページを参考に家計改善から取り組みましょう**。家計が改善されたら、生活費や生活防衛費（200ページ参照）を確保しましょう。本来ならこれが貯まってから投資を始めるのが理想ですが、生活防衛費がまだなかったとしても、少額であれば任意のタイミングで資産を引き出せるNISAを開始してみるのも一手です。

次に確認するべきは、結婚や教育費、住宅購入など、人生のライフイベントにかかわるお金があるかです。結婚式を挙げるのか、引っ越しをするのか、住宅を購入するのかなど、自分の人生に必要なお金を洗い出しましょう。**そうしたお金が準備できており、「節税したい」という希望があれば、iDeCoにチャレンジするとよいでしょう**。

NISAとiDeCoを始めるタイミング

NISA

- いつでも資産を引き出せる
- 1000円から少額でコツコツ積み立てられる
- 節税効果はない

手軽に始めたい人におすすめ

iDeCo

- 資産は原則60歳まで引き出せない
- 節税効果がある

所得が多く節税したい人におすすめ

NISA・iDeCoの選択チャート

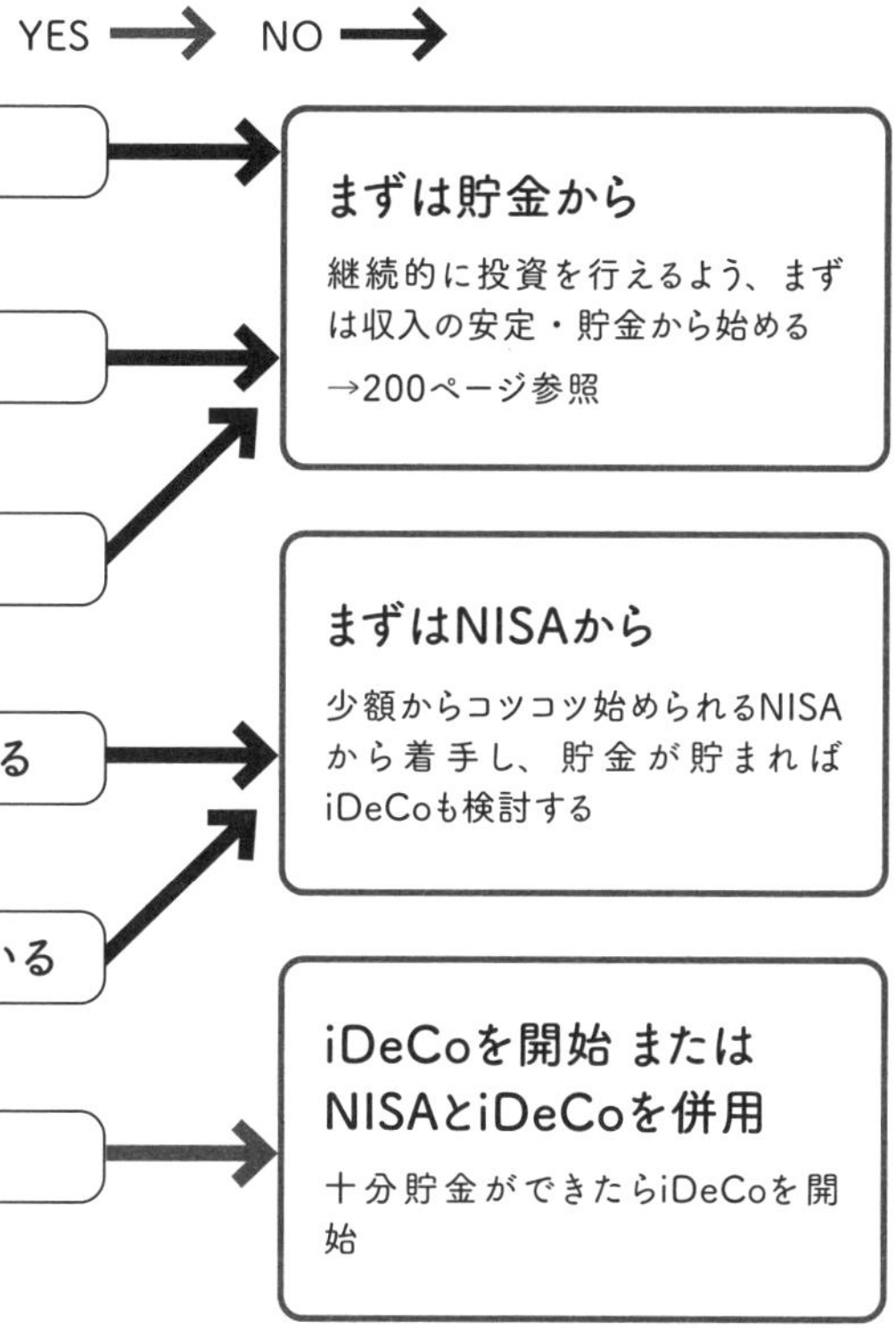
収入がある
家計把握ができている
家計が黒字
生活防衛費が貯まっている
教育費の見通しが立っている
節税したい
継続的に投資を行えるよう、まずは収入の安定・貯金から始める
まずはNISAから
少額からコツコツ始められるNISAから着手し、貯金が貯まればiDeCoも検討する

十分貯金ができたらiDeCoを開始

Q 購入した銘柄の成果が予定より上がらない。どうすればいい？

A 本質的に悪い点がなければ売らずに待つほうがいいでしょう

長期の積立投資をしていて、予定よりも成果が上がらない場合は、もう一度銘柄の将来性を見直しましょう。

原則はS&P500やオルカンへの連動を目指す投資信託に投資していれば問題ありませんが、**こうした商品の値動きが悪いということは、そもそもアメリカの経済や世界経済が停滞しているということ**。

過去、株式市場で株価の停滞や暴落は発生しましたが、いずれも**再び上昇していくものが多かったのです**。本質的にその商品が買いと考えるなら保有を続けましょう。

S&P500やオルカン以外に投資をしている場合、投資対象である国の成長性やGDPの推移（88ページ参照）などを調べましょう。将来10年、20年後に成長できると考えれば保有を続け、難しいと判断すればS&P500やオルカンに切り替えるとよいでしょう。

保有銘柄の成績が上がらない場合の対応

［S&P500　月足　2003年～2023年］

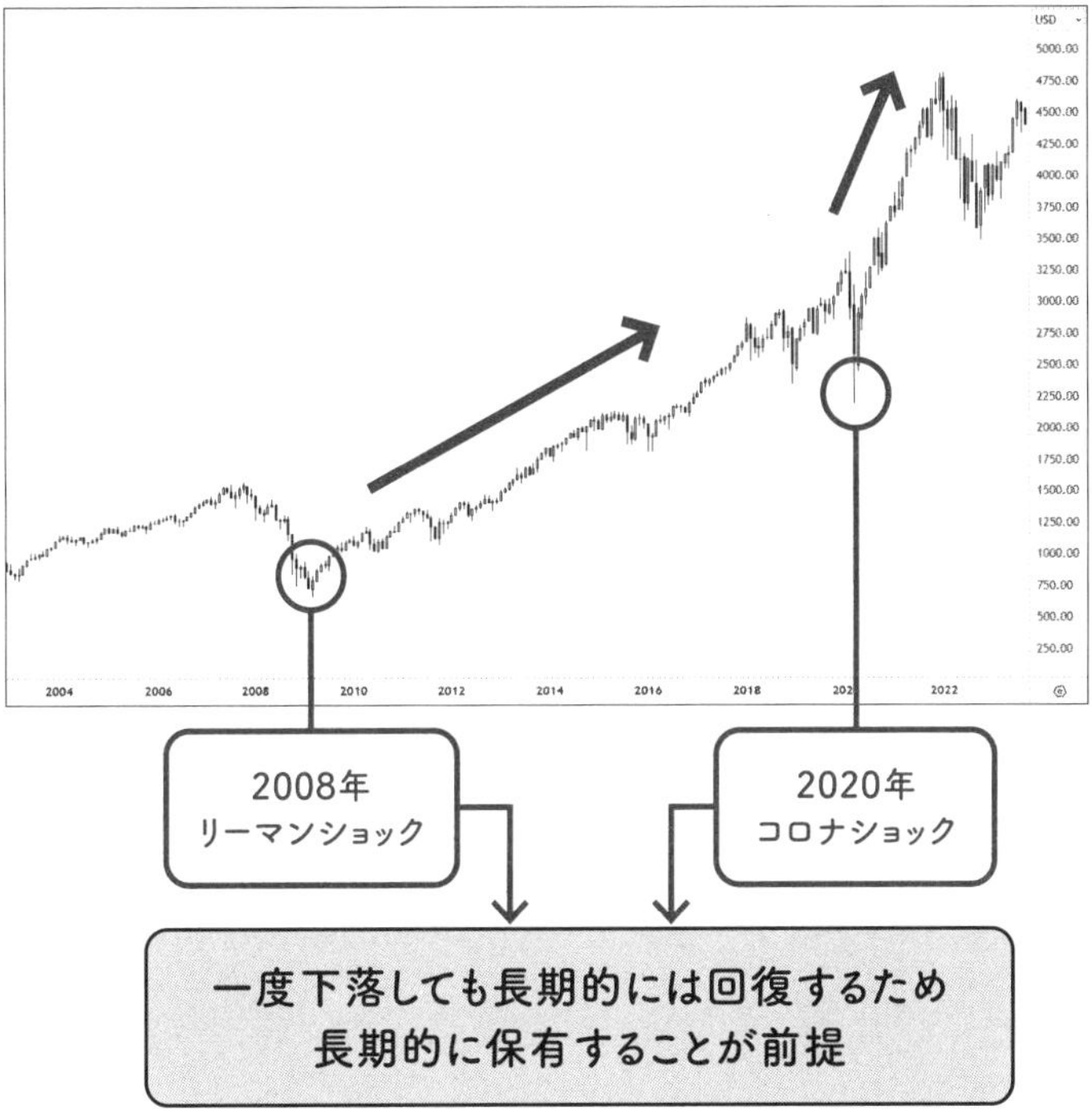

2008年
リーマンショック

2020年
コロナショック

一度下落しても長期的には回復するため
長期的に保有することが前提

購入銘柄の将来性を再確認しよう！

S&P500に連動する投資信託やオルカンを保有している場合 → 長期的な回復が見込めれば保有を継続

それ以外の投資信託を保有 → 投資対象の地域の将来性をGDPの推移などから検討

Q ライフプラン①
30代夫婦で将来のお金を貯める場合

A 夫婦で家計を共有しつつ、いつまでにいくら必要かを試算しましょう

夫婦の場合、独身時代のようにお金を自由に使えるわけではありません。**給与などの収入は夫婦の共有財産になるため、お金の使い方、増やし方を考え直す必要があります**。

例えば、30代夫婦共働きの場合、育児に専念するため妻の収入が減少することが多くあります。そんな状況で夫が浪費を続けていると、いつまで経ってもお金が貯まりませんし、夫婦仲も悪くなってしまうことがあります。

また、口座を分けて管理する「別会計（別財布）」のケースもあります。夫婦共有の口座をつくって一定額を貯めているパターンや支出の役割分担だけをしているパターンもありますが、いずれにしても、**お互いがいくら稼いで、いくら使っているかがわからず、家計の透明性が低くなります**。こうした状態では、まず投資を始めるスタートラインに立ちづらいです。左図のように、老後にいくら必要かを把握し、夫婦で協力して貯金・投資を行いましょう。

30歳から老後の資金を形成する際の例

- ●30歳夫婦
- ●生活費：月30万円
- ●貯金額：90万円（生活費3カ月分）

①協力してお金を貯める準備をする

お互いの収入や支出を整理して家計の透明性を高め、老後にいくら必要か把握する

目標金額：60歳までに**2000**万円

②生活防衛費の確保（30 ～ 33歳）

貯金を90万円ふやし、貯金合計を180万円（6カ月分（200ページ参照）の生活費）にする

月3万円 × 30カ月（2年6月）＝ **90万円貯金**

毎月捻出できる金額を3万円と仮定

もしものときに備えて確保！

③投資による資産形成（34 ～ 56歳）

60歳時点で2000万円を超えるために、毎月3万3000円を年利5％で運用する

積立期間	積立合計額
1年後（35歳）	**40**万円
2年後（36歳）	**83**万円
⋮	⋮
25年後（59歳）	**1965**万円
26年後（60歳）	**2109**万円

計画を立てれば老後の資産も怖くない！

Q ライフプラン② 子どもの進学のための資産運用

A 基本は現金での貯金。15年以上の運用期間を確保できる場合は一括投資を行いましょう

44ページでは「学資は基本的に現金で貯める」「15年以上投資期間がある場合は一括投資をするとよい」と解説しましたが、なぜ一括投資のほうがよいのでしょうか？

82ページで解説した通り、**投資では、長期的に保有することで価格変動のリスクが低減されます**。投資期間を15年以上としているのもそれが理由です。

しかし、子どもが3歳から18歳まで、15年間積み立てた場合はどうでしょうか？ 3歳のときに投資した分は15年以上経過しておりリスクが低減されていますが、直近1〜3年に投資した分はまだ投資期間が短いといえます。

このように、**積立投資で学資を形成する場合、資金の一部にまだリスクが残っていることを考慮しなければいけません**。

そのため、まとまった資金を持っていれば一括投資を優先し、まとまったお金がない場合のみ現金貯蓄で資産を形成するとよいでしょう。

大学入学の費用を投資で形成する場合

①子どもが0～3歳のときに投資資金がある

一括投資を行い、15年間運用を続ける

②子どもが0～3歳のときに投資資金がない

利用時までに時間がある場合はコツコツ積立投資を行い、途中からは現金貯蓄を行う

子どもの大学入学費用を形成するために子どもが3歳にとき積立投資を始めた場合。（）内の数字は子どもの年齢

1年目（3歳）　積立投資を開始！

子どもが18歳になるころには投資から15年経過するためリスクが低減される

5年目（7歳）　毎月投資を継続

6年目（8歳）　毎月投資を継続

ある程度の投資期間を経るためリスクが下がる

13年目（15歳）　積立投資を中断。毎月現金貯蓄

15年目（17歳）　毎月現金貯蓄

利用時までの期間が短いため、積立投資だとリスクがある

↓

積立投資での学資形成はやや不安があるため、現金で貯蓄する

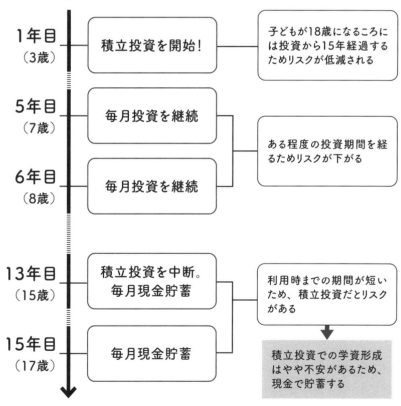

Q ライフプラン③ 40代老後に向けた資産の形成

A 年金の繰り下げ受給を組み合わせることで40代からの積立でも老後資金を形成できます

定年後の生活費が月30万円、65歳に定年退職し、その後毎月18万円の年金を受け取れる例で考えましょう。このままでは毎月12万円の赤字になります。本来なら65歳から資産を取り崩したいところですが、１００歳まで生活費を賄うためには、65歳時点で４２５０万円の資産が必要です。

そこで、**65歳から70歳まで年金を繰り下げ受給したケースで考えてみましょう。**繰り下げ受給とは、年金の受け取り開始時期を遅らせる代わりに、年金の受け取り総額を増やせるしくみです。５年繰り下げた場合の年金総額は25・５万円となり、生活費の不足額が４・５万円になります。

このとき、70歳時点で必要な資産額は１４００万円。実際の年金額が増えると、税金や社保などが上がり手取りが減るため、目標を１５００万円として考え、**45歳から70歳までの25年間「年利5%で毎月3万円」を積み立てれば、この１５００万円が補える計算になります。**

繰り下げ受給　公的年金を65歳で受け取らず、66歳以降75歳までの間に受け取ること。繰り下げた期間によって受け取れる年金が増額される

老後の資産形成のパターン比較

条件	・65歳定年 ・定年後（65歳）の生活費：月30万円 ・定年後（65歳）の年金　：月18万円

➡毎月12万円の赤字を100歳まで賄うプランを考える

パターン1　65歳から年金を受け取る

65歳時点で4250万円の資産が必要
（年利1％で運用しつつ取り崩す場合）

4250万円を45歳～ 60歳の
15年間で形成するには、
年利5％で毎月16万円の
積立が必要となる

パターン2　繰り下げ受給をして70歳から年金を受け取る

繰り下げ受給によって年金額が増える

年金の月額18万円×1.42倍＝25.5万円
➡毎月の赤字が4.5万円に縮小する

ただし、受給額が増えると社保なども増えるため手取りはやや少なくくなります

秋山

70歳時点で1400万円の資産が必要
社保などの増額を踏まえて
1500万円を目標にする

1500万円を45歳～ 70歳の
25年間で形成するには、
年利5％で毎月3万円の
積立が必要となる

積立額が減少してプランを形成しやすくなった！

社保	社会保険の略。定年後も年金の受給額が多ければその分社会保険料や税金の負担額が大きくなる

NISA&iDeCo
知りたいことがわかる本

2023年10月25日　発行

監修・解説　秋山芳生・向藤原寛
編集　金丸信丈・榎元彰信（株式会社ループスプロダクション）
イラスト　ひらのんさ
カバーデザイン　植竹 裕
DTP・図版作成　佐藤 修

発行人　佐藤孔建
編集人　梅村俊広
発行・発売　〒160-0008
東京都新宿区四谷三栄町12-4 竹田ビル3F
スタンダーズ株式会社
https://www.standards.co.jp/
TEL：03-6380-6132
e-mail：info@standards.co.jp
印刷所　中央精版印刷株式会社

https://www.standards.co.jp/

●本書の内容についてのお問い合わせは、上記メールアドレスにて、書名、ページ数とどこの箇所かを明記の上、ご連絡ください。ご質問の内容によってはお答えできないものや返答に時間がかかってしまうものもあります。予めご了承ください。
●お電話での質問、本書の内容を超えるご質問などには一切お答えできませんので、予めご了承ください。
●落丁本、乱丁本など不良品については、小社営業部（TEL:03-6380-6132）までご連絡ください。

Printed in Japan

【お読みください】

本書は情報の提供を目的としたもので、その手法や知識について勧誘や売買を推奨するものではありません。NISAやiDeCoで購入できる金融商品は、元本の補償がない損失が発生するリスクを伴います。本書で解説している内容に関して、出版社、および監修者を含む製作者は、リスクに対して万全を期しておりますが、その情報の正確性及び完全性を保証いたしません。実際の投資にはご自身の判断と責任でご判断ください。